严蔚冰 传承
严石卿 整理

坐姿八段锦导引法

中国科学技术出版社
·北京·

图书在版编目（CIP）数据

坐姿八段锦导引法 / 严蔚冰传承；严石卿整理. —北京：中国科学技术出版社，2020.9

ISBN 978-7-5046-8754-8

Ⅰ. ①坐⋯ Ⅱ. ①严⋯ ②严⋯ Ⅲ. ①八段锦－基本知识 Ⅳ. ① G852.9

中国版本图书馆 CIP 数据核字（2020）第 150540 号

策划编辑	王久红　焦健姿
责任编辑	王久红
装帧设计	华图文轩
责任印制	李晓霖

出　　版	中国科学技术出版社
发　　行	中国科学技术出版社有限公司发行部
地　　址	北京市海淀区中关村南大街 16 号
邮　　编	100081
发行电话	010-62173865
传　　真	010-62179148
网　　址	http://www.cspbooks.com.cn

开　　本	787mm×1092mm　1/16
字　　数	104 千字
印　　张	12.5
版　　次	2020 年 9 月第 1 版
印　　次	2020 年 9 月第 1 次印刷
印　　刷	天津翔远印刷有限公司
书　　号	ISBN 978-7-5046-8754-8 / G・869
定　　价	68.00 元

（凡购买本社图书，如有缺页、倒页、脱页者，本社发行部负责调换）

传承精华
守正创新

恭录

习近平总书记关于中医药工作重要指示 为非遗项目八段锦研究等航

庚子仲春 孙光荣 敬书于橘子洲头

序

　　中医学与中国传统文化的不解之缘，是"天人合一"的信仰。在这一信仰的支配下，人们遵循着与自然万物和谐相处的态度。这种整体和谐、主客融合的世界观，构成了中医学的生命观、疾病观、药物观和诊疗观。天人合一，是因为天是有意志的。《素问·生气通天论》说："苍天之气清净，则志意治，顺之则阳气固，虽有贼邪，弗能害也，此因时之序。故圣人抟精神、服天气而通神明。"天气清净则天之志意治，天是有意志的吗？《论语·阳货》记载："子曰：予欲无言。子贡曰：子如不言，则小子何述焉？子曰：天何言哉？四时行焉，百物生焉，天何言哉？"《庄子·知北游》记载："天地有大美而不言，四时有明法而不议，万物有成理而不说。"四时的运行，万物的生长收藏，这就是天的语言，天的志意，像神明一样。善于养生的人，也要做到精神清净，顺从天气，才能够通五脏之神明。

　　天人是合一的，形体和精神、肉体和灵魂也是合一的。如《灵枢·决气》说："天之在我者德也，地之在我者气也，德流气薄而生者也。"德是精神、思维；气是形体、物质。《灵枢·经脉》又说："人始生，先成精，精成而脑髓生；骨为干，脉为营，筋为纲，肉为墙，皮肤坚而毛发长；谷入于胃，脉道以通，血气乃行。"人的精神得之于天气，由精构成；人的形体因地而生，由气构成。这告诉我们，形神合一，是生命的本根，也是导引医学思想的来源。

今日的中医学，原本是由三种医学构成的。发源于中国东方的"经脉医学"，以扁鹊为代表人物，以藏府、经脉、疾病、色脉诊、针灸为特征；发源于中国西方的"汤液医学"，以伊尹为代表人物，以证候、药物、方剂为特征；发源于中国中部的"导引医学"，以彭祖为代表人物，以导引、按跷为特征。《素问·异法方宜论》说："中央者，其地平以湿，天地所以生万物也众，其民食杂而不劳，故其病多痿厥寒热，其治宜导引按跷，故导引按跷者，亦从中央出也"。导引，是指"导气令和，引体令柔"的内观内求、自诊自疗之术；按跷，即自我按摩。通过导引，可令骨正筋柔，气血流通，志意调和，长有天命。如《素问·上古天真论》说："夫道者，能却老而全形，身年虽寿，能生子也"。"道者"，即导引者。

导引乃医学之一门，轻身延年，养正祛疾，真实而不虚，尤为当下健康生活所必需。然而导引要做到"抟精神、服天气、通神明"，知易而行难，东汉以后，虽日渐式微，但儒、道、释门中，仍代有传者。严蔚冰先生幼承师训，所传"古本易筋经十二势导引法"，2014年列入第四批国家非物质文化遗产代表性项目名录，所传"坐姿八段锦导引法"，2019年列入第六批上海市非物质文化遗产代表性项目名录，先生是其代表性传承人。多年以来，严先生勤勉敬业，传承导引，利益大众，服务社会，获誉良多。

今蔚冰先生勤求博采，梳理坐姿八段锦的历史源流，整理经典导引图谱与导引诀要，亲自示范导引势要领，并结合现代人的生活习惯，将坐姿八段锦导引法图文并茂地呈现给读者。稿成之际，嘱余作序，于是不揣浅陋，略叙片语，以表襄助之谊。

庚子夏柳长华书于北京扁仓书院

前言

《素问·上古天真论篇》记载："上古之人，其知道者，法于阴阳，和于术数，食饮有节，起居有常，不妄作劳，故能形与神俱，而尽其天年，度百岁乃去。今时之人不然也，以酒为浆，以妄为常，醉以入房，以欲竭其精，以耗散其真，不知持满，不时御神，务快其心，逆于生乐，起居无常，故半百而衰也。"

这段文字以"古、今、贤、愚"的生动对照，开宗明义地阐述了"今时之人"因何多病短寿，并提出了切实可行的对治之法"法于阴阳，和于术数，食饮有节，起居有常，不妄作劳"。

《素问·四气调神大论篇》又针对四季阴阳变化之规律，提出了更有针对性的建议，即所谓四气调神者，随春夏秋冬四时之气，调肝心脾肺肾五脏之神志也。告诫后人要顺应四时气候的特点，在日常生活中如何适时得当的调摄身心情志。

隋唐以后，国力日盛，祖国传统医学也有了更大的发展，医家们更加注重对生活环境和生活方式的研究，从诸病源候与诸病成因入手，遵循四时变化之规，运用导引行气之方，形成了独具特色的"起居导引健康法"。

这些方法简单易行，通过日常起居的点滴细微，管理自身的身心健康，以期达到身安心乐的理想状态。史书、医经及各类典籍中多以"起居法""安乐法""神仙法"为其代称。

五代时期大书法家杨凝式，历仕五代之后梁、后唐、后晋、后汉、后周诸朝，官至太子太保，得享82岁高寿，亦得益于此。其《神仙起居法》文曰："神仙起居法。行住坐卧处，手摩胁与肚。心腹通快时，两手肠下踞。踞之彻膀腰，背拳摩肾部。才觉力倦来，即使家人助。行之不厌频，昼夜无穷数。岁久积功成，渐入神仙路。乾祐元年冬残腊暮，华阳焦上人尊师处传，杨凝式（下一草押）。"

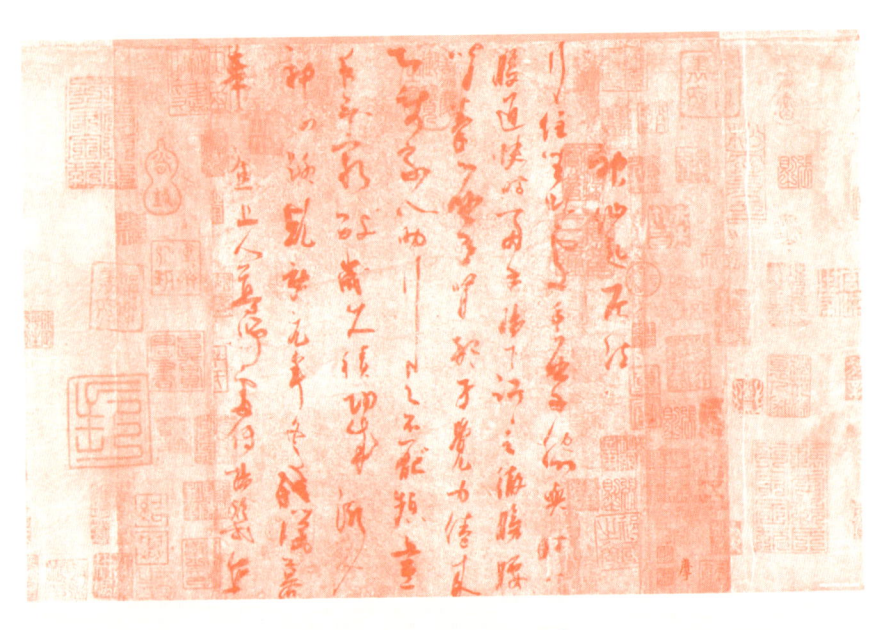

杨凝式《神仙起居法》

《起居法》的准则和方法是祖国传统医学"上工治未病"的精髓，经千年传承，深入人心。《孔子家语》曰："食饮不节，起居无常，忙于作劳，三者疾共杀之。"有趣的是，千年以后，世界卫生组织（WHO）对构成人们健康的各项因素进行分析、排序，其中占比高达60%的正是健康的生活方式。

"起居法"作为我们祖先总结传承、应顺自然的健康生活方式，具有重要的历史价值和现实意义。

上海自开埠以来一直是远东地区最繁忙的都市，虽经百年沧桑，今日之上海仍可看到这种独特的生活方式，相对于时下喧哗的广场健身文化，这种私密安静的厅堂养生文化有其独特的韵味。"君子"是国人追求的理想人格，穷则独善其身，达则兼济天下。其学问首在"修身"和"齐家"，而后方谈及"治国""平天下"。先哲们以经典为据，以传承为师，将中医时间医学、导引医学、防疫学和"天人合一生命整体观"相结合，整理出一系列贯穿日常工作、生活的"起居之法"，以此为抓手，传承至今，形成了适合国人的健康生活方式。

其法不受气候、场地和时间限制，在床上、客厅、天井和阳台等，只要2平方米左右的场地即可以习练，因其行于厅堂，故鲜为人知。

以《坐姿八段锦导引法》为例，整套习练有行气活血、消除疲劳之效。若知其功效，晓其原则，辨证施以导引方，则是治病疗疾、康复回生的"良药"。

2020年初春，时逢疫情肆虐，医务工作者纷纷逆风而行，驰援湖北疫区。为了更好地帮助一线医护人员、轻中症患者和隔离人员。余应邀整理《起居防疫导引方（三则）》，分别适用于早晨起床、饭前饭后、晚上休息时进行导引干预，帮助提振阳气，缓解疲劳，增强心肺、脾胃等脏腑功能。CCTV《健康中国》栏目、《中华医药抗击疫情》特别节目、《中国中医药报》、《新华网》、《光明日报》、《人民日报》的《中央厨房》栏目、上海市卫健委新媒体官方号《健康上海12320》、《中国青年报》、国家中医药管理局、中华中医药学会、上海市委老干部局等十余家媒体（官方号）刊登转载，观者超过百万人次，算为疫情防治略尽绵薄之力。

《坐姿八段锦导引法》在中医导引学中属于"小劳术"，但觉身有不适，即选择针对性的导引势进行调摄，达到舒筋理气的目的，以舒适和不出现疲劳感觉为度。

小劳术特别适合当下快节奏大都市里繁忙的人们，对他们而言最大的成本是时间，往往只能在早晨、晚上、午饭前后和工作间隙在室内做些小导引。这些方法占地不大，耗时不长，强度不高，却能理筋顺气，及时消除身心疲劳。长期坚持可调营理卫，增强脏腑功能，有效防止积劳成疾。

近代科技高速发展，大都市医疗条件更为优渥，导致繁忙的人们对于自身的健康大多是通过体检数据来获得。而中医关注的是"以人为本"，即健康与否自己应该有所觉知，人有"五脏、九窍、十二节"。凡有不适一定会有所表征，此时若能静心觉知，适时应用导引、按跷、艾灸、食疗等法进行干预，就能促进其恢复如初。"导气令和，引体令柔。气和体柔，健康可求。"这就是中医治未病的智慧。

2019年坐姿八段锦导引法列入第六批上海市非物质文化遗产代表性项目名录。2020年将本书整理成册在中国科学技术出版社出版发行，希望能让更多现代人了解、掌握这些自主健康的导引方法，将其融入日常工作生活中，形成自己的健康起居之法，身心无碍地享受生活。

将健康的理念和方法代代传承，惠及后人，想来这就是本书的历史价值和现实意义了。

严蔚冰

庚子春书于沪

目 录

第1章 《八段锦》传承溯源 ………………………… 001

第2章 八段锦导引图诀集要 ………………………… 009

第一节 《灵剑子导引子午记·八段锦诀要》……… 011
第二节 《道枢·众妙篇·八段锦诀要》…………… 012
第三节 《事林广记·修真秘旨·吕真人安乐法》… 013
第四节 《活人心法·导引法·坐姿八段锦》……… 013
第五节 《遵生八笺·坐姿八段锦》………………… 022
第六节 《丹房八段锦》……………………………… 030
第七节 《增演易筋洗髓内功图说·洗髓定身图八势》… 038
第八节 《新出保身图说·站姿八段锦》…………… 043

第3章 坐姿八段锦导引法详解 ……………………… 055

第一节 分解演示……………………………………… 056
第二节 要点解析……………………………………… 094
第三节 传承与心得…………………………………… 114

第4章 经典八段锦要点简述 ………………………… 121

第一节 站姿八段锦导引法…………………………… 122

第二节　丹房八段锦……………………………… 135
第三节　洗髓定身图八势…………………………… 152

第 5 章　起居安乐法……………………………… 161

第一节　起居与安乐………………………………… 162
第二节　《黄帝内经》起居法 ……………………… 165
第三节　《养性延命录》起居法 …………………… 167
第四节　《千金要方》起居法 ……………………… 170
第五节　《服气精义论》起居法 …………………… 173
第六节　《素问病机气宜保命集》起居法 ………… 175
第七节　《寿世青编》起居法 ……………………… 177
第八节　现代起居安乐法（养生二十宜）………… 180

后记……………………………………………………… 185

第 1 章 《八段锦》传承溯源

有关《八段锦》的记载始见于晋代许逊所著《灵剑子》。书曰："仰托一度理三焦，左肝右肺如射雕。东脾单托西通肾，五劳回顾七伤调。游鱼摆尾通心脏，手攀双足理于腰。次鸣天鼓三十六，两手掩耳后头敲。"

南宋初，曾慥作《临江仙》："子后寅前东向坐，冥心琢齿鸣鼉。托天回顾眼光摩。张弓仍踏弩，升降辘轳多。三度朝元九度转，背摩双摆扳弩。虎龙交际咽元和。浴身挑甲罢，便可蹑烟萝。"

曾慥，号至游子，编集了被后世称为小道藏的《道枢》。曾慥称《八段锦导引法》是古德传承度世练形之法，《道枢·众妙篇》曰："仰掌上举以治三焦者也，左肝右肺如射雕焉。东西独托，所以安其脾胃矣。返复而顾，所以理其伤劳矣。大小朝天，所以通其五脏矣。咽津补气，左右挑其手。摆鳝之尾，所以祛心之疾矣。左右手以攀其足，所以治其腰矣。"

南宋，陈元靓在《事林广记·修真秘旨》中以"吕真人安乐法"命名并以导引口诀的形式记录："昂首仰托顺三焦，左肝右肺如射雕。东脾单托兼西胃，五劳回顾七伤调。鳝鱼摆尾通心气，两手搬脚定于腰。大小朝天安五脏，漱津咽纳指双挑。"

宋代，大学问家洪迈撰《夷坚志》，记载了一个有关《八段锦》的小故事。

图 1-1 李似矩夜行八段锦

政和七年（1117年），李似矩为起居郎，有欲为亲事官者，两省员额素窄，不能容，却之使去。其人曰："家自有生业，可活妻子。得为守阙在左右，无以奉为也。"早朝晏出，未尝顷刻辄委去，虽休沐日亦然。朝晡饮膳，无人曾窥见其处者。似矩嘉其谨，呼劳之曰："台省亲事官，名为取送，每下马归宅，则散不去顾矣，况后省冷落，尔曹所弃，今独如是何也"。曰："性不喜游嬉，且已为皂隶，于事当尔。"似矩素于声色简薄，多独止于外舍，效方士熊经鸟申之术，得之甚喜。自是令席于床下，正睡熟时，呼之无不应。尝以夜半时起坐，嘘吸按摩，行所谓八段锦者。此人于屏后笑不止，怪之，诘其故，对曰："遇钝村野，目所未见，不觉笑耳，非有他也。"后夜复然，似矩谓为玩己，叱曰："我学长生安乐法，汝既不晓，胡为屡笑？"此人但谢过。既而至于三，其笑如初。始疑之，下床，正容而问曰："自尔之来，我固知其与众异，今所以笑，必有说，愿明以告我。"对曰："愚人耳，何所解？"固问之。踟蹰良久，乃言曰："吾非逐食庸庸者流。吾之师，嵩山王真人也。悯世俗学道趋真者益少，欲得淳朴端敬之士教诲之，使我至京洛求访，三年于此矣。昨见舍人于马上，风仪洒落，似有道骨可教，故托身为役，验所营为。此观夜中所行……"

洪迈记载的故事有个特点，会将叙述者记在故事结尾。而这个有关《八段锦》的故事是由"沈度公雅说"。从叙述中可见当时在文人中八段锦之法已颇为盛行。

《坐姿八段锦导引法诀要》见于元代，《修真十书》曰："闭目冥心坐，握固静思神。叩齿三十六，两手抱昆仑。左右鸣天鼓，二十四度闻。微摆撼天柱。赤龙搅水浑。漱津三十六，神水满口匀。一口分三咽，龙行虎自奔。闭气搓手热，背摩后精门。尽此一口气，想火烧脐轮。左右辘轳转。两脚放舒伸，叉手双虚托。低头攀脚频。以候逆水上，再漱再吞津。如此三度毕，神水九次吞。咽下汩汩响，百脉自调匀。河车搬运讫，发火遍烧身。邪魔不敢近，梦寐不能昏。寒暑不能入，灾病不能迍。子后午前作，造化合乾坤。循环次第转，八卦是良因。"

如今可见的八幅导引图出自明朝初年，朱权撰写的《活人心书·导引篇》，书中题目"导引法"并将口诀逐句作了解释，并配上了八幅坐姿导引图。

叩齿集神三十六两手抱崑崙雙手擊天鼓二十四

图1-2 活人心法·导引法·坐姿八段锦第一段

宋代大儒朱熹，好道术，悉心研究《周易参同契》，自称对《周易参同契》下的功夫犹深，又觉得《周易参同契》"无下手处，不敢轻议。"朱熹撰《周易参同契考异》《周易本义》等，并提出"半日读书，半日静坐"。对于静坐朱熹感悟"静者，养动之根，动者，所以行其静。"晚年，朱熹先生叹曰："愚四十年前注《参同契》时，见吕四行《八段锦》，诧其老健，多窃笑之。逮今思之《参同契》之学，实属屠龙术，不如吕四行之宰猪术也。"由此可见，《八段锦》实用。

明清以后，胡文焕校刊了《养生导引法》《保生心鉴》等，《保生心鉴》为铁峰居士撰，绘有三十二幅导引图，采用《活人心书》中八法。还出现了丹经版的《洗髓经》和《丹房八段锦》，用内丹术的术语来记载《坐姿八段锦》的导引顺序。《内外功图说辑要》开始有较大的量流通，清光绪二十一年（1895年），晚清时代，出现了彩绘本，有《按摩导引养生秘法》彩绘经折本行世。

清末民初，周述官得静一空悟老师之传承，得师授《增演易筋洗髓内功图说》六卷，卷分上下，共十二。其中洗髓部分"坐身图说"共分二部，前部坐姿四十九势，以导引身形为主，使之入静；另在"韦驮劲十二势图说"后有"十二段锦总诀"与"十二段锦坐功导引图诀"。其内容基本与《坐姿八段锦导引法》相同，增补了四幅坐姿导引图。第十三卷《定身图说》中有坐姿导引八势，名曰："定身图八势"，导引由静入定。民国十九年（1930年），周氏门人张瑶先生《增演易筋洗髓内功图说》作"叙"并重新刊刻，为清末民初《易

图 1-3 朱熹研习《参同契》

第 1 章 《八段锦》传承溯源

筋洗髓》之大全，新印《增演易筋洗髓内功图说》图文并茂，共十七卷，含"翻译音释"一卷，其中"定身图说"亦属《坐姿八段锦导引法》：定气和神势、旋转日月势、倒涌清泉势、返观内照势、龙行虎奔势、汲精补髓势、返本还原势和养婴归原入定出神势，共八势，虽有删减变化，但其精髓不变，仍然是一脉相承。

第 2 章 八段锦导引图诀集要

八段锦，即八段导引势之集锦。根据传承人群不同，有站姿和坐姿之别。

站姿八段锦，又名"武八段"。坐姿八段锦，又名"文八段"。在早期的记载中，两者常相互融合。如晋代许逊《灵剑子》中将"鸣击天鼓三十六"作为八段锦导引的收势。

有关站姿八段锦的早期记载可见南宋曾慥《道枢·众妙篇》：仰掌上举以治三焦者也，左肝右肺如射雕焉。东西独托，所以安其脾胃矣。返复而顾，所以理其伤劳矣。大小朝天，所以通其五脏矣。咽津补气，左右挑其手。摆鳝之尾，所以祛心之疾矣。左右手以攀其足，所以治其腰矣。陈元靓在《事林广记·修真秘旨》中以"吕真人安乐法"命名并以导引口诀形式记录：昂首仰托顺三焦，左肝右肺如射雕。东脾单托兼西胃，五劳回顾七伤调。鳝鱼摆尾通心气，两手搬脚定于腰。大小朝天安五脏，漱津咽纳指双挑。

清光绪年间《新出保身图说》以八段锦命名，并配有导引图势，其导引诀为：两手托天理三焦，左右开弓似射雕。调理脾胃须单举，五劳七伤往后瞧。攒拳怒目增气力，两手攀足固肾腰。摇头摆尾去心火，背后七颠百病消。如今广为流传的"站姿八段锦诀要"由此定型。

第一节 《灵剑子导引子午记·八段锦诀要》

许逊（239—274年），字敬之，号灵剑子，汝南（今河南汝南县人），20岁时随王猛学道，深得其法，著作名《灵剑子》，善导引养生撰《灵剑子导引子午记》，唐代尊许逊为高明大使许真君。

导引诀曰：

> 仰托一度理三焦，左肝右肺如射雕。
> 东脾单托西通肾，五劳回顾七伤调。
> 游鱼摆尾通心脏，手攀双足理于腰。
> 次鸣天鼓三十六，两手掩耳后头敲。

第二节 《道枢·众妙篇·八段锦诀要》

曾慥（？—1155年），字伯端，号至游子，晋江（今福建晋江）人，北宋大臣曾公亮裔孙，官至尚书郎、直宝文阁。晚年隐居银峰，善养生。主张"清净为宗，内观为本"，编成《道枢》四十二卷，逝后进祀乡贤祠。

导引诀曰：

> 仰掌上举，以治三焦者也，
> 左肝右肺①如射雕焉。
> 东西独托，所以安其脾胃矣。
> 返复而顾，所以理其伤劳矣。
> 大小朝天，所以通其五脏矣。
> 咽津补气，左右挑其手。
> 摆鳝之尾，所以祛心之疾矣。
> 左右手以攀其足，所以治其腰矣。

注：① 左肝右肺：中医学术语，《素问·刺禁论》曰："藏有要害，不可不察，肝生于左，肺藏于右，心部于表，肾治于里，脾为之使，胃为之市。"左肝右肺之说，并非现代医学解剖的肝脏、肺脏的生理位置。《素问·阴阳应象大论》曰："左右者，阴阳之道路也。"

第三节 《事林广记·修真秘旨·吕真人安乐法》

陈元靓,出生于南宋末年,卒于元初。崇安(今福建崇安)人。著《岁时广记》《事林广记》《博闻录》,记载了宋末元初时代的生活状态,在《事林广记·修真秘旨》中有八段锦导引法。

陈元靓在《事林广记·修真秘旨》中以"吕真人安乐法"命名并以导引口诀形式记录。

导引诀曰:

> 昂首仰托顺三焦,左肝右肺如射雕。
> 东脾单托兼西胃,五劳回顾七伤调。
> 鳝鱼摆尾通心气,两手搬脚定于腰。
> 大小朝天安五脏,漱津咽纳指双挑。

第四节 《活人心法·导引法·坐姿八段锦》

朱权(1378－1448年),明太祖朱元璋第十七子,封宁王,号臞仙。编著《活人心法》《通鉴博论》《宁国仪范》《诗谱》《茶谱》,所撰《天皇至道太清玉册》八卷,收入《续道藏》。

第一段　两手抱昆仑

叩齿集神
三十六两
手抱昆仑
双手击天
鼓二十四

图 2-1　第一段 两手抱昆仑 图谱与要诀

第二段　左右摇天柱

左右手摇
天柱各二
十四

图 2-2　第二段 左右摇天柱 图谱与要诀

第三段　搅舌漱津咽

左右舌搅
上腭三十
六漱三十
六分作三
口如硬物
嚥之然后
方得行水

图 2-3　第三段 搅舌漱津咽 图谱与要诀

第四段　两手摩肾堂

两手摩肾堂三十六，以数多更妙

图 2-4　第四段 两手摩肾堂 图谱与要诀

第五段　单关辘轳转

左右单开
辘轳各三
十六

图 2-5　第五段 单关辘轳转 图谱与要诀

第六段 双关辘轳转

雙關轆轤
三十六

图 2-6 第六段 双关辘轳转 图谱与要诀

第七段　叉手双虚托

两手相搓
当呵五呵
後又手托
天按顶各
九次

图 2-7　第七段 叉手双虚托 图谱与要诀

第八段　两手攀脚频

以两手如
钩向前攀
双脚心十
二再收足
端坐

图 2-8　第八段 两手攀脚频 图谱与要诀

第五节 《遵生八笺·坐姿八段锦》

高濂，明代著名养生学家、藏书家，字深甫，钱塘（今浙江杭州）人，曾在北京任鸿胪寺官，后隐居西湖。能诗文，兼通医理，更擅养生。其著作《遵生八笺》是中国古代养生学的集大成之作，另有《牡丹花谱》《兰谱》传世。

第一段 闭目冥心坐，握固静思神。叩齿三十六，两手抱昆仑

图 2-9　第一段 闭目冥心坐 图谱与要诀

第二段　左右鸣天鼓，二十四度闻

图 2-10　第二段 左右鸣天鼓 图谱与要诀

第三段　微摆撼天柱

图 2-11　第三段 微摆撼天柱 图谱与要诀

第四段　赤龙搅水井，漱津三十六。神水满口匀，一口分三咽，龙行虎自奔

图 2-12　第四段 赤龙搅水井 图谱与要诀

第五段　闭气搓手热，背后摩精门。尽此一口气，想火烧脐轮

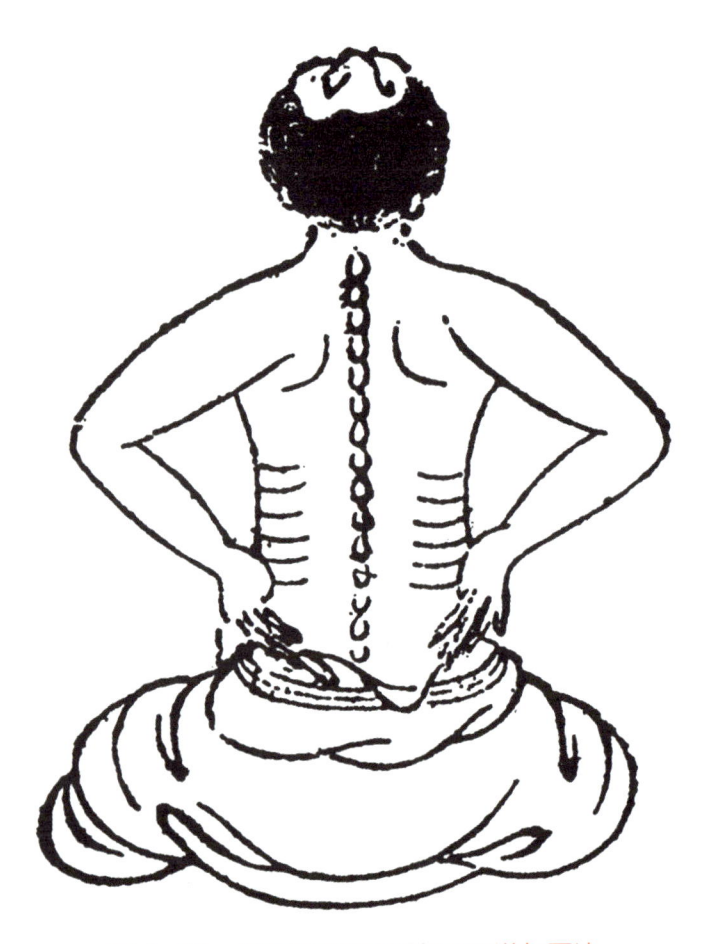

图 2-13　第五段 背后摩精门 图谱与要诀

第六段　左右辘轳转

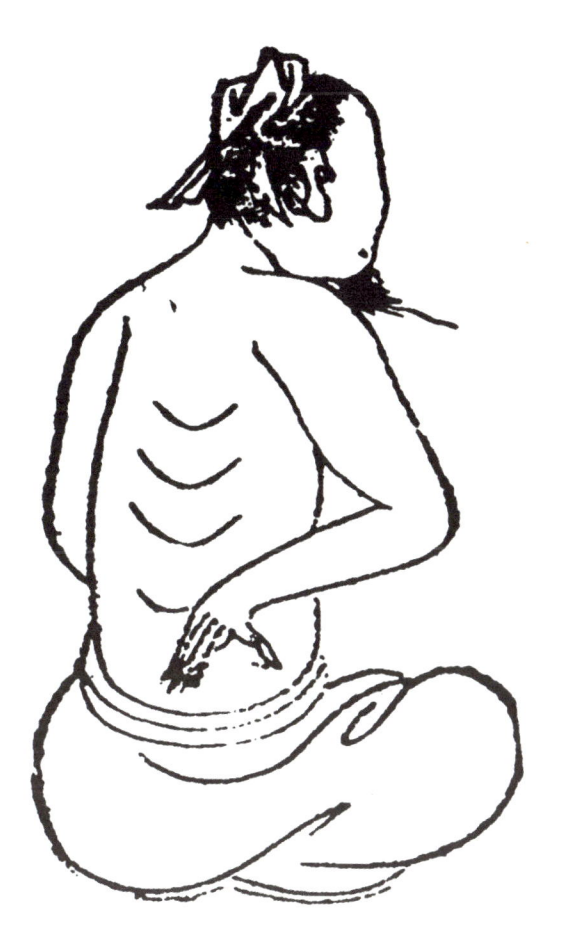

图 2-14　第六段 左右辘轳转 图谱与要诀

第七段　两脚放舒伸，叉手双虚托

图 2-15　第七段 叉手双虚托 图谱与要诀

第八段　低头攀足频，以候逆水上

图 2-16　第八段 低头攀足频 图谱与要诀

第六节 《丹房八段锦》

清代，金侗生先生著《丹房八段锦》。丹房，指静室，即炼内丹的房间。《丹房八段锦》的可取之处是采用白话，直言导引之法。如两手搓热摩丹田，攀足俯首目视前，运气提神双捧腹，清除肾火揉涌泉，屈指叩腰三十六，扇擦精门宜耸肩，叉手舒足吸清气，扭腰曲颈神气全等，可操作性强，安全有效。《丹房八段锦》有文字而无图，下图由严蔚冰示范，范峄青绘制。

第一段　两手搓热摩丹田

图 2-17　第一段 两手搓热摩丹田

第二段　攀足俯首目视前

图 2-18　第二段 攀足俯首目视前

第三段　运气提神双捧腹

图 2-19　第三段 运气提神双捧腹

第四段　清除肾火揉涌泉

图 2-20　第四段 清除肾火揉涌泉

第五段　屈指叩腰三十六

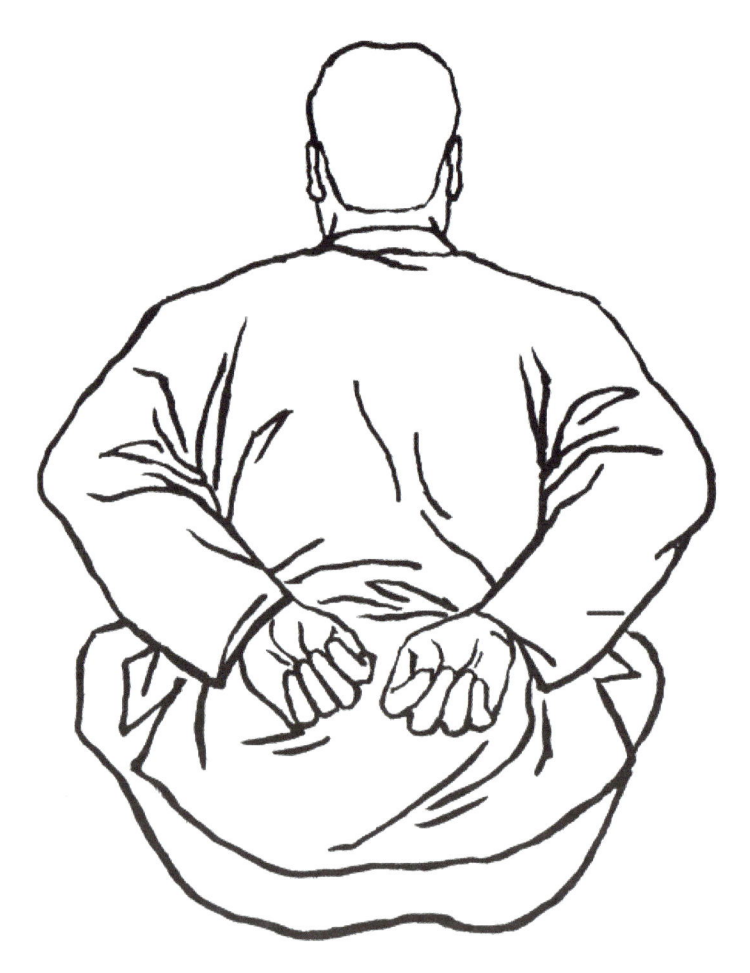

图 2-21　第五段 屈指叩腰三十六

第六段　扇擦精门宜耸肩

图 2-22　第六段 扇擦精门宜耸肩

第七段　叉手舒足吸清气

图 2-23　第七段 叉手舒足吸清气

第八段　扭腰曲颈神气全

图 2-24　第八段 扭腰曲颈神气全

第七节 《增演易筋洗髓内功图说·洗髓定身图八势》

清代,周述官得传《增演易筋洗髓内功图说》,其中洗髓部分"坐身图说"共分二部,前部坐姿四十九势,以导引身形为主使之入静,另在"韦驮劲十二势图说"后有"十二段锦总诀"与"十二段锦坐功导引图诀",其内容基本与《坐姿八段锦导引法》相同,增补了四幅坐姿导引图。第十三卷《定身图说》中有坐姿导引八势,名曰"定身图八势",以坐姿为主,原图不甚清晰,下图由严蔚冰示范,范峤青绘制。

第一段　定气和神势
第二段　旋转日月势
第三段　倒涌清泉势
第四段　返观内照势
第五段　龙行虎奔势

图 2-25　第一、二、三、四、五段

第六段　汲精补髓势

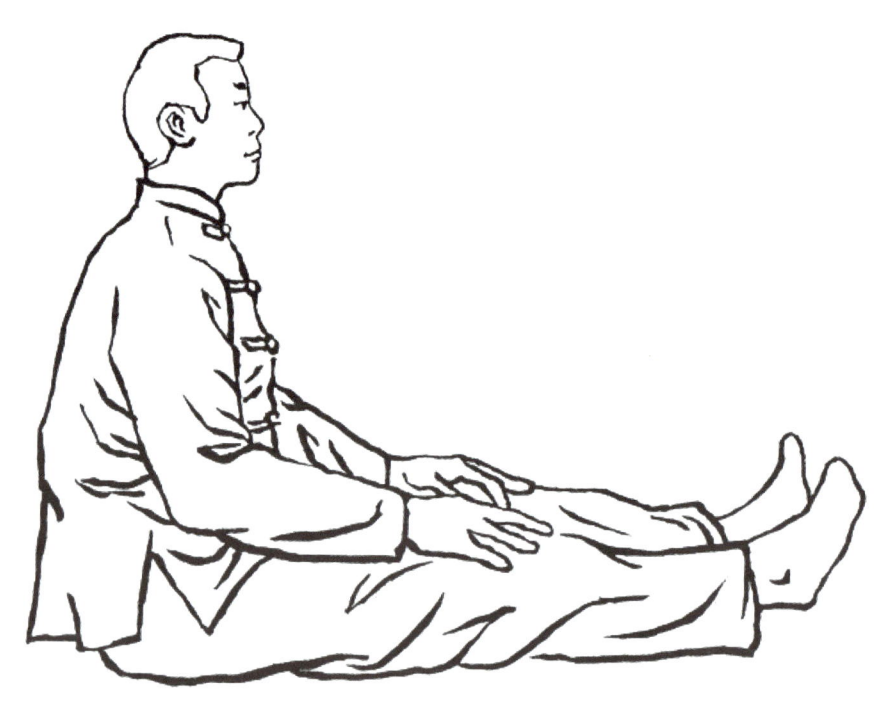

图 2-26　第六段 汲精补髓势

第七段　返本还原势

图 2-27　第七段 返本还原势

第八段　养婴归原入定出神势

图 2-28　第八段 养婴归原入定出神势

第八节 《新出保身图说·站姿八段锦》

清光绪年间《新出保身图说》载八段锦（站姿），并配有导引图势，其导引诀为"两手托天理三焦，左右开弓似射雕。调理脾胃须单举，五劳七伤往后瞧。攒拳怒目增气力，两手攀足固肾腰。摇头摆尾去心火，背后七颠百病消。"如今广为流传的"站姿八段锦诀要"由此定型。下图由严蔚冰示范，范峤青绘制。

第一段　两手托天理三焦

图 2-29　两手托天理三焦

第二段　左右开弓似射雕

图 2-30　左右开弓似射雕

第三段　调理脾胃须单举

图 2-31　调理脾胃须单举

第四段　五劳七伤往后瞧

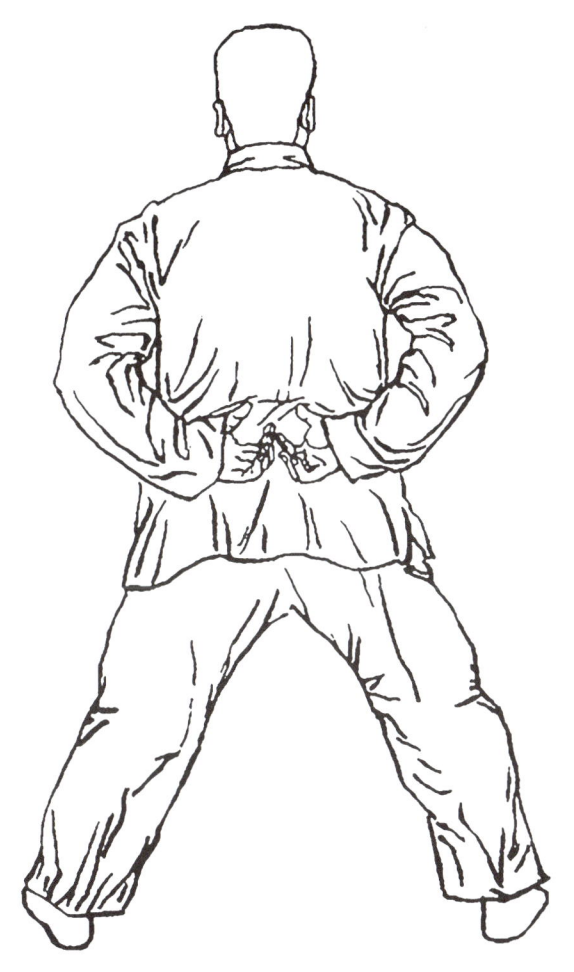

图 2-32　五劳七伤往后瞧（1）

图 2-33　五劳七伤往后瞧（2）

第五段　攒拳怒目增气力

图 2-34　攒拳怒目增气力

第六段　两手攀足固肾腰

图 2-35　两手攀足固肾腰（1）

图 2-36 两手攀足固肾腰（2）

第七段 摇头摆尾去心火

图 2-37 摇头摆尾去心火（1）

图 2-38 摇头摆尾去心火（2）

第八段　背后七颠百病消

图 2-39　背后七颠百病消

第3章 坐姿八段锦导引法详解

第一节　分解演示

古德云：大道至精至简。医道亦然。《坐姿八段锦导引法》其法至精，以要诀、图示的形式传承千年。本章选用明代高濂《遵生八笺》所载"坐姿八段锦导引法"之图谱、要诀。由严蔚冰分解演示，严石卿整理，范峤青绘制。

依传承习练，其效甚显，唯贵在坚持。

第一段　握固冥心坐

导引诀曰：闭目冥心坐，握固静思神。

叩齿[①]三十六，两手抱昆仑[②]。

注：① 叩齿：齿为骨之余，常宜叩击，使筋骨活动，心神清爽。

② 昆仑：两耳后，上连玉枕，通百会。

图 3-1　握固冥心坐（古）

第 3 章　坐姿八段锦导引法详解

【分解演示】

图 3-2 握固（1）

图 3-3 握固（2）

动作要领：握固者，屈拇指，握四指，握手牢固。

《诸病源候论》：两手各自以四指把手拇指。

图3-4 握固（3）

动作要领：握固，闭目，冥心。

左脚跟抵会阴，右腿盘于左腿之上，盘跌而坐。

导引诀曰：肋腹运尾闾，握固按双膝。

图 3-5　叩齿

图 3-6　两手抱昆仑

动作要领：叩齿三十六次（每组九次，做四组）。叉抱两手于项后，数九息，呼吸不令耳闻（自此后出入息皆不可使耳闻）。

第二段　左右鸣天鼓

导引诀曰：左右鸣天鼓，二十四度闻。

图 3-7　左右鸣天鼓（古）

【分解演示】

图 3-8　左右鸣天鼓

图 3-9　左右鸣天鼓（后身位演示）(1)

图 3-10　左右鸣天鼓（后身位演示）（2）

动作要领：移两手心掩两耳，先以示指压中指，示指滑下弹击后脑，左右各二十四次。

第三段　微摆撼天柱

导引诀曰：微摆撼天柱③

图 3-11　微摆撼天柱（古）

注：③ 天柱：自上而下前三节脊柱骨，名天柱。

【分解演示】

坐姿八段锦导引法

图3-12 微摆撼天柱（握固）（1）

图 3-13 微摆撼天柱（握固）（2）

第 3 章 坐姿八段锦导引法详解

图 3-14 微摆撼天柱（左势）

图 3-15 微摆撼天柱（右势）

动作要领：微摆撼天柱。

（先须两手握固，固定身形，颈椎转动八圈为一组，左右各转三组）。

第四段　赤龙搅水井

导引诀曰：赤龙④搅水井，漱津⑤三十六。
神水⑥满口匀，一口分三咽。

图 3-16　赤龙搅水井（古）

注：④ 赤龙：指舌，赤龙卷水，纳津咽气。
　⑤ 漱津：将舌舐上腭，久则生津液，下咽时要汩汩有声，意想灌溉五脏，咽数以多为妙。《梁丘子延年法》载："常以鸡鸣时，仰卧被发，啄齿三十六通，吞津咽气，远死之道。"
　⑥ 神水：指口中津液。《性命圭旨》曰："闭者塞兑垂帘兼逆听，久而神水落黄庭也。"

【分解演示】

图 3-17 赤龙搅水井

图 3-18 漱津三十六，神水满口匀

动作要领：赤龙搅水井（赤龙者舌也，以舌搅口齿，并左右颊，待津液生而咽）。漱津三十六（一云：鼓嗽），神水满口匀。一口分三咽（所漱津液分作三口，作汩汩声而咽之），龙行虎自奔（液为龙，气为虎）。

导引诀曰：有津续咽之，以意送入腹。

第五段　背后摩精门

导引诀曰：闭气⑦搓手热，背后摩精门⑧。尽此一口气，想火烧脐轮⑨。

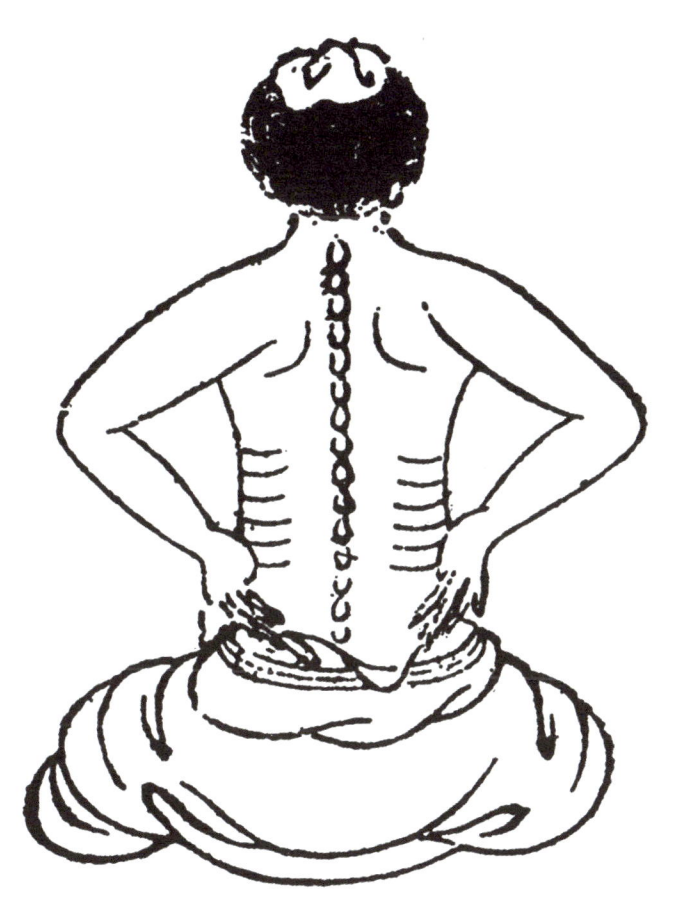

图 3-19　背后摩精门（古）

注：⑦ 闭气：调息至呼吸极微弱，若有若无谓闭气。
　　⑧ 摩精门：用手摩擦后腰两侧软组织处，底胯骨上腰部。
　　⑨ 脐轮：即下丹田之异名。

【分解演示】

图 3-20　闭气搓手热

动作要领：以鼻引清气闭之。少顷，搓手急数令热极，鼻中徐徐乃放气出。

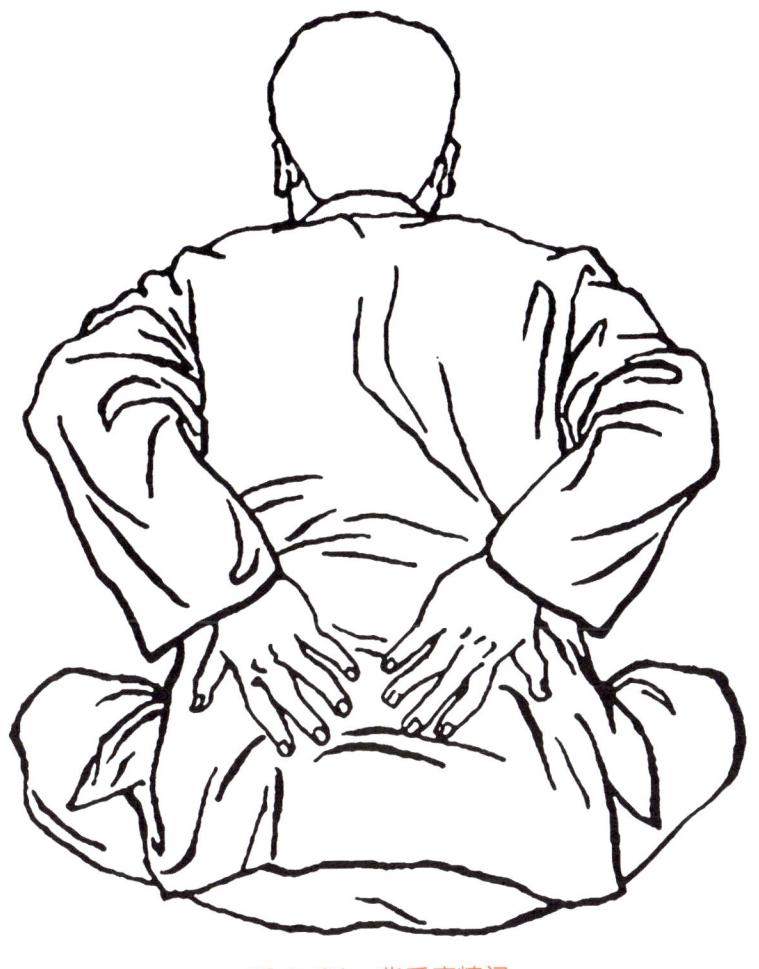

图 3-21 背后摩精门

动作要领：精门者，腰后外肾俞，合手心摩毕，收手握固。

图 3-22　尽此一口气，想火烧脐轮

动作要领：尽此一口气（再闭气也），想火烧脐轮（闭口鼻之气，想用心火下烧丹田，觉热极即用后法）。

导引诀曰：推肾手推搁。

第六段　左右辘轳转

导引诀曰：*左右辘轳转*[10]。

图 3-23　左右辘轳转（古）

注：[10] 辘轳转：指真气沿任督脉升降，《玄微心印》曰："阳动则运转辘轳，勿迟勿急；不动则伏气胎息，勿忘勿助；此又口诀之口诀也。"

【分解演示】

图 3-24　左右辘轳转（左势）

图 3-25 左右辘轳转（右势）

第 3 章 坐姿八段锦导引法详解

081

图 3-26　背部分解动作（1）

图 3-27 背部分解动作（2）

动作要领：俯首摆撼两肩三十六，想火至丹田透双关入脑户，鼻引清气，闭少顷间。

第七段 叉手双虚托

导引诀曰：两脚放舒伸，叉手双虚托。

图 3-28 叉手双虚托（古）

【分解演示】

图 3-29　两脚放舒伸

图 3-30 叉手双虚托

动作要领：两足放舒伸（放直两足）。

叉手双虚托（叉手相交，翻掌心向前、向上，向后分别伸展托举七次）。

导引诀曰：分合按且举。

第八段　低头攀足频

导引诀曰：低头攀足频，以候逆水上。

图 3-31　低头攀足频（古）

【分解演示】

图 3-32 低头攀足频（1）

图 3-33　低头攀足频（2）

坐姿八段锦导引法

图 3-34　低头攀足频（3）

动作要领：低头攀足频*（以两手向前攀脚心十二次），乃收两足，端坐。

注："手足钩攀"是低头攀足频的要诀。

图 3-35 低头攀足频（4）

导引诀曰：伸足板其趾。

动作要领：喉口中津液生，如未生再用急取水，同前法。

经曰：息心并涤虑，浃骨更洽髓。

收势

再漱再咽津，如此三度毕。

神水九次吞（谓再漱三十六，如前口分三咽，乃为九也）。

咽下汩汩响，百脉自调匀。

河车[11]搬运讫（摆肩并身二十四次，双关转辘轳二十四次），

发火并身烧（想丹田火，自下而上，遍烧身体。想时口鼻皆闭气少顷）。

邪魔不敢近，梦寐不能昏。

寒暑不能入，灾病不能近。

子后午前作，造化合乾坤。

循环次第转，八卦是良因。

诀曰：其法于甲子日，夜半子时起首，行时口中不得出气，唯鼻中微放清气。每日子后午前，各行一次，或昼夜共行三次，久而自知。浊除疾病，渐觉身轻，能勤苦不怠，则仙道不远矣。

高子曰：以上名《八段锦》法，乃古圣相传，故为图有八。

握固二字，人多不考，岂特闭目见自己之目，冥心见自

注：[11] 河车：《钟吕传道集》曰："河车者，起于北方正水之中肾真气，真气之所生之正气，乃曰河车。

己之心哉？趺坐时，当以左脚后跟，曲顶肾茎根下动处，不令精窍漏泄云耳（握固法详见第一段）。行功何必拘以子午，但一日之中，得有身闲心静处，便是下手所在，多寡随行。若认定二时，忙迫当如之何？入道者，不可不知。（明·高濂《遵生八笺·延年却病笺》）

第二节　要点解析

一、准备

对于今人来说，仅凭古籍中图文和括号内的简短释文是难以理解其行法与内涵的，为了便于习练，余依传承、按次第在下面逐句做导引诀解析，至于更深一层的密意，则需要在理入、行入、证入后自行领会了。为便于理解，其后以歌诀形式阐述了导引效果、导引时辰和导引原理。

（一）静室与坐位

在静室中安置固定的座位，座位要避风，座位上备一足盖。室内不放置通信设备，以免惊扰。上坐前室内若有宠物，将宠物移出室，将静室光线调暗。

（二）坐姿与方位

坐姿采用散盘，上座后先收回左腿，将左脚跟抵住会阴，再将右腿收回置于左腿上，然后盖上脚盖。

坐稳后推出尾闾，是为至要。竖直脊柱使上身、头颈保持正直，不倚不靠，以免昏沉。

（三）调息

《庄子》："吹嘘呼吸，吐故纳新。"即调息吐纳之法，故气不去，新气不入。一呼一吸，是为一息，初习者，应刻意为之。《老子》曰："天地之间，其犹橐龠①乎？虚而不屈，动而愈出，多言数穷，不如守中。"老子将身囊比作橐龠，升降出入，无器不有，吐纳导引，一开一合、一升一降、一紧一松、一呼一吸，皆调息也。息，鼻气一出一入之谓息。呼吸，气出谓之呼一，则动天干气，气入谓之吸一，则动地支。吐纳，吐从口出，纳从鼻入，吐惟细细，纳则绵绵。（清·席裕康《内外功图说辑要·解要》）

清代，名医汪昂先生说："调息一法，贯彻三教，大之可以入道，小用可以养生。"止观、坐忘、宴息等都从调息入门。下面是汪昂先生之"论调息"。

迦文垂教，以视鼻端，自数出入息，为止观初门。庄子《南华经》曰："至人之息以踵。"《易·随卦》曰："君子以响晦入宴息。"王龙溪曰："古之至人，有息无睡，故曰响晦入宴息。"

宴息之法，当向晦时，耳无闻，目无见，四体无动，心无思虑，如种火相，似先天元神元气停育相抱，真意绵绵，开阖自然，与虚空同体，故能与虚空同寿也。世人终日营扰，精神困惫，夜间靠此一睡，始毂日之用，一点灵光尽为后天浊气所掩，是谓阳陷于阴也。

调息之法，不拘时候，随便而坐，平直其身，纵任其体，不倚不曲，解衣缓带（原注：腰带不宽，则上下气不流通），务令调适，口中舌搅数遍，微微呵出浊气（不得有声），鼻

注：①橐龠（tuó yuè）：橐龠用作鼓风的器具，无底为橐，有孔为龠，中空为虚，动则生风，静则风止。

中微微纳之，或三五遍，或一二遍，有津咽下，叩齿数通，舌抵上腭，唇齿相着，两目垂帘令胧胧然，渐次调息。不喘不粗，或数息出，或数息入，从一至十，从十至百，摄心在数，勿令散乱。如心息相依，杂念不生，则止勿数，任其自然，坐久愈妙。若欲起身，须徐徐舒放手足，勿得遽起。能勤行之，静中光景，种种奇特，直可明心悟道，不但养身全生而已也。（清·汪昂《勿药元诠》）

（四）息有四相

调息有四相，呼吸有声者，风也，守风则散；虽无声而鼻中涩者，喘也，守喘则结；不声不滞而往来有形者，气也，守气则劳，不声不滞，出入绵绵，若存若亡，神气相依，是息相也。息调则心定，真气往来，自能夺天地之造化，息息归根，命之蒂也。

苏子瞻《养生颂》曰：已饥方食，未饱先止，散步逍遥，务令腹空。当腹空时，即便入室，不拘昼夜，坐卧自便，惟在摄身，使如木偶，常自念言："我令此身，若少动摇，如毫发许，便堕地狱。如商君法，如孙武令，事在必行，有死无犯。"又用佛语及老聃语。视鼻端，自数出入息，绵绵若存，用之不勤。数至数百，此心寂然，此身兀然，与虚空等，不烦禁制，周天毕，待神水满，漱津数遍。用四字诀（撮、抵、闭、吸也，撮提谷道，舌抵上腭，目闭上视，鼻吸莫呼），从任脉撮过谷道到尾闾，以意运送，徐徐上夹脊中关，渐渐速些。闭目上视，鼻吸莫呼，撞过玉枕（颈后骨），将目往前一忍直转昆仑（头顶），倒下鹊桥（舌也），分津送下重楼，入离宫（心也），而至气海（坎宫，丹田）。略定一定，复用前法，连行三次，口中之津分三次咽下，所谓天河水逆流也。静坐片时将手左右擦丹田一百八下，连脐抱住，放手时，将衣被围住脐轮，勿令风入（古云：养得丹田暖暖热，此是神仙真妙诀）。

（五）闭气法

坐姿八段锦导引法中多见闭气法。闭气，导引学术语。《脉望》："闭气者，非闭噎其气也，乃神定气和，绝思忘虑，便鼻息悠然，若有若无。"

当人坐定后，闭口、舌抵上腭，采用鼻吸鼻呼，先调匀鼻息，待入静后出入息会微弱细长，渐至几无感觉。这是要经过一段时间的实修才能达到的，闭气法需要单独练习，没有捷径可走。

1. 闭气治病方

闭气治病诀是习练闭气法的一个抓手，其要诀是气与意合，故能攻病。闭气法是用以养气的技法。明代，万全在《养正四要》中说："养生者，必知养气。能养气者，可以长生。故调气者，顺其气也；服其气者，纳其气也；伏其气者，闭其气也，皆曰：养气。"闭气有要诀，亦可用于疗疾，其法参照"闭气歌诀"和"闭气诀"。闭气法在"要诀详解"中有说明，须单独练习，使之熟练。

昔有过乎饮食，注满于胸臆，或寒热凝滞，或痛结壅塞，

则静坐以鼻引其清气，口闭不开，多入少出，以攻其病，太紧则放焉。三五过则疾除矣。（宋·曾慥《道枢·会真篇》）

2. 闭气歌诀

闭气歌诀曰：忽然身染疾，非理有损伤。敛意归闲室，脱身卧木床。仰眠兼握固，叩齿与焚香。三十六咽足，丹田气越常。随心连引到，损处最为良。汗出以为度，省求广利方。（清·席裕康《内外功图说·解要》）

闭气诀曰：忽有修养乖宜，偶生疾患，宜速于密室依服气法，布手足讫，则调气咽之。念所苦之处，闭气想注，以意攻之。气极则吐之，讫，复咽，相继依前攻之，气急则止，气调复攻之。或二十至五十攻，觉所苦处汗出通润即止。如未损，即每日夜半，或五更，昼日，频作以意攻及。若病在头面手足，但有疾之处则攻之，无不愈者。是知心之使气，甚于使手，有如神助，功力难知也。（明·高濂《遵生八笺·延年却病笺》）

3. 东坡闭气法

近年颇留意养生，读书延问方士多矣。其法百数，择其简易可行者，间或为之，辄有奇验。今此法特究其妙，乃知神仙长生，非虚语尔。其效初不甚觉，但积累百余日，功用不可量，比之服药，其力百倍。久欲献之左右，其妙处非言语文字所能形容。然可道其大略，若信而行之，必有大益。其诀如下：

每夜以子后披衣起，面东或南，盘足，叩齿三十六通，握固，闭息，内观五脏，肺白、肝青、脾黄、心赤、肾黑；

次想心为炎火，光明洞彻，入下田丹中，待腹满气极，即徐出气。候出入息匀调，即以舌接唇齿内外，漱炼津液，未得咽下，复前法（明·王如锡《东坡养生集》）。

4. 观想迎气法

《坐姿八段锦导引法诀》曰："观想火从下丹田上燃至遍身。"有逐寒湿、利关节、调气血之效，长期坚持有助心肾相交，水火既济，阴平阳秘，定心安神。

观想五色气法是《黄帝内经》中的医者防疫法，医者若入疫区，先作观想五色气法。其原理与观火相同，其目的是意与气合，谓之迎气。孙思邈将观想和闭气结合在一起，曰："常当习〈黄帝内视法〉，存想思念，令见五脏如悬磬，五色了了分明，勿辍也。仍可每旦初起面向东，两手于膝上，心眼观气，上入顶、下达涌泉，旦旦如此，名曰迎气。常以鼻引气，口吐气，小微吐之，不得开口，复欲得出气少，入气多。每欲食，送气入腹，每欲食气为主入也。"（唐·孙思邈《备急千金要方·养性》）

5. 闭息内观法

闭息内观，纳心丹田，调息漱津，皆依前法。如此者三，津液满口，即低头咽下，以气送入丹田。须用意精猛，令津与气汩汩然有声，径入丹田。又依前法为之，凡九闭息，三咽津，而止。

然后以左右手热摩两脚心及脐下、腰脊间，皆令热彻。次以两手摩熨眼面耳项，皆令使热。仍按捏鼻梁，左右五七下，梳头百余梳，而卧。熟寝至明。

其法至简，惟在常久不废，即有深功。且试行一二十日，精神自已不同。觉脐下实热，腰脚轻快，面目有光。久之不已，去仙不远。

但当习闭息，使渐能迟久，以脉候之，五至为一息。近来闭得渐久，每一闭，百二十至开，盖已闭得二十余息也。又不可强闭多时，使气错乱，或奔突而出，反为害。慎之、慎之！（清·陈梦雷《古今图书集成·养生诀上张安道》）

二、行法详解

（一）闭目冥心坐

坐稳当后，闭目，即轻轻合上眼帘，露一丝光，谓垂帘，可观鼻白。先运目，依次眼球下视、左视、上视、右视、再下视为一周，顺时针运八周（此法亦可单独练，谓目宜常运）。闭目可以养神，神足则不思睡，静坐亦不犯昏沉，故闭目养神尤为重要！平时忙里偷闲，可多闭目、运目。《洗髓经》曰："乜眼常观鼻，合口任鼻息。"

冥心坐，注意！冥心不是冥想而是收心，即收敛一切妄念，静坐就是收放心的工夫。

（二）握固静思神

握固之法，两手握固，屈拇指，握四指。

明代，高濂先生说："握固二字，人多不考，岂特闭目见自己之目，冥心见自己之心哉？跌坐时，当以左脚后跟曲顶肾茎根下动处，不令精窍漏泄云耳。"

图 3-36　握固（1）

图 3-37　握固（2）

图 3-38　握固（3）

握固冥心坐，并非单指两手握固，还要先收左脚跟抵会阴处。

关于握固之功效，陶弘景先生说："《导引经》云：清旦未起，啄齿二七，闭目握固，漱满唾，三咽。气寻闭不息自极，极乃徐徐出气，满三止。便起，狼踞鸱（chī）顾，左右自摇曳，不息自极，复三。便起下床，握固不息，顿踵三还，上一手，下一手，亦不息自极三；又叉手项上，左右自了捩，不息复三。又伸两足及叉手前却自极，复三。皆当朝暮为之，能数尤善。平旦以两手掌相摩令热，熨眼三过。次又以指按目四眦，令人目明。

按经文：拘魂门，制魄户，名曰：与魂魄安门户也。此固精、明目、留年、还魄之法，若能终日握之，邪气百毒不得入（握固法：屈大拇指于四小指下把之，积习不止，眼中亦不复开。一说云：令人不遭魔魅）。

坐稳后，握固双拳，拳心向上，置于膝上，使下盘稳固。身形稳固，有利心静，握固乃收敛内气，闭关却邪之法。

静思神，心静驱除杂念，凝思存神。《洗髓经》曰："右膝包左膝，调息舌柱腭。胁腹运尾闾，推肾手推搦。分合按且举，握固按双膝。"

（三）叩齿三十六

叩齿与咬牙是不同的导引，《类经》："齿牙，前小者曰齿，后大者曰牙。"易筋导引辅以咬牙，洗髓导引辅以叩齿，《洗髓经》："叩齿鸣天鼓。"

叩齿，即上下齿叩动，有集神之功效。《杂病源流犀烛》："齿者，肾之标，骨之本也。齿又为手足阳明经所过。上齿隶坤土，足阳明胃脉贯络也，止而不动，喜寒恶热。下齿属手阳明大肠脉络也，嚼物动而不休，喜热恶寒。"故《养生十六宜》云：齿宜常叩。

叩齿、咬牙可刺激筋骨活动（咬筋、牙床），有生津养阴，津生有去心火的功效。使神清气爽，亦可以使神情专注。

三十六数乃法数，三十六分为四组，每组叩击九次，待气息匀、生津，再叩下一组，叩四组合三十六次，叩齿以徐缓轻微为度，叩齿时舌尖不离上腭。

（四）两手抱昆仑

坐稳后，两手十指交叉抱后脑，两臂屈成三角，肘与肩平，形成头手争力之势，两臂展开时以鼻吸气，两臂放松时用口呼气，一吸一呼为一息，数九息。呼吸之声，勿令耳闻，自此以后出入息，皆不可使耳闻，有声则气散。

（五）左右鸣天鼓

鸣天鼓即用食指叠中指，再叩击后脑。将两手掌根掩两耳窍，将两食指压中指上，先左手用劲使食指从中指上滑落以敲击天鼓，以耳内听到天鼓声响，敲击六次，然后换右手，方法同左手。

（六）二十四度闻

左右鸣天鼓，二十四度闻。坐稳后，伸腰使脊柱直，头微低。先用左手食指滑落弹击后脑，令有鼓声，敲击六次。再换右手食指敲击后脑六次，再左手六次、右手六次，合二十四次。《丹经》云：去头风、脑疾，适宜女性。

（七）微摆撼天柱

《类经》："天柱骨，肩骨上际，颈骨之根也。"

天柱，即颈椎的颈1、颈2、颈3，三节颈椎。

坐稳后，伸腰使脊柱直，然后两手握固，两拳面相抵，置于右大腿根部，以稳定下盘。头向左转，下颌靠肩，再向后仰、依次向右、向下、向左，呈微摆天柱左势，摆撼天柱时要慢、要柔，摆动二十四周。

再将两拳（握固）面相抵，移至左大腿根，微摆撼天柱右势与左势相同，唯动作相仿。

（八）赤龙搅水井

赤龙，即口中舌也，搅动时要带动舌本，《类经》："舌本，舌根也。"医云：舌为心之苗。舌本搅动，津液生乃活水出，为保命养阴之源。

搅水井，以舌在口腔内搅动，使津生，与气合，搅动时宜徐缓，忌快急，快急会上火伤津。舌搅动完毕，应安住上腭，即舌抵上腭。搅舌时采用鼻吸鼻呼。

《洗髓经》："闭口深藏舌，出入息与鼻。"

（九）漱津三十六

漱津，亦云：鼓漱，即鼓动腮腺，使津液生，将津液含在口中，漱津三十六次，待津液满口时即止。

（十）神水满口匀

全神专注于鼓漱后的津液。当口中津液满了，再用舌将津液和匀。

（十一）一口分三咽

口中的津液，分为三次咽下。每次津液下咽时，自己要听到汩汩下咽声。

《养性延命录·杂诫忌禳害祈善篇》：唾不咽则气海不润，气海不润则津液乏，是以服元气、饮醴泉，乃延年之本也。

导引诀要：聚津、咽津、养阴。

（十二）龙行虎自奔

龙虎，指阴阳。龙行为阴，虎奔为阳。从赤龙搅水（生津）至鼓漱、咽津，为龙行。导引毕，气血自行是为虎奔。

《中和集》："龙虎者，阴阳之异名也。阴阳运化，神妙莫测，故象以龙虎。"

又曰："丹经子书，种种异名不出阴阳二字，历代仙师假名立象，喻之为龙虎，使学徒易取则而成功也。龙虎之象，千变万化，神妙难穷，故喻之为药物，立之为鼎炉，运之为火候，比之为坎离，假之为金木，字之为男女，配之为夫妇，以上异名，皆龙虎之妙用也。以其灵感，故曰药物。以其成物，故曰鼎炉。以其变化，故曰火候。以其交济，故曰坎离。以其刚直，故曰金木。以其升沉，故曰男女。以其妙合，故曰夫妇。若非龙虎，何以尽之？"

（十三）闭气搓手热

闭气，是调息法之一（详见闭气要诀），以鼻引清气闭之，使气入多出少。

搓手热，坐稳后即两手合掌对搓，令两手掌热极，同时鼻中徐徐乃放气出。闭气搓手热，可以调营（气）理卫（气），使外邪不得入。

（十四）背摩后精门

承上势，两手合掌搓热后，反背以掌心摩精门，有聚精固精之功效。精门，即腰后外肾俞，俗称腰眼。精门喜暖畏寒，精门宜常摩。

（十五）尽此一口气

一口气是指两手摩精门时仍需闭气，同时用两手心上下按摩精门，待精门发热后，两手握固放回膝上。

（十六）想火烧脐轮

坐稳后，用意念存想火苗从下丹田慢慢燃起，仍需闭气，存想火苗上升至脐轮，脐轮在中脉为脉轮（中脉下起会阴，上至百会。脐轮在肚脐与命门之间）。感觉到下丹田和脐轮气暖为度。

（十七）左右辘轳转

辘轳是旧时井口提升水桶的工具，辘轳转导引势模仿转动辘轳的形态，要求转动时既圆且匀，用以理筋、升阳。

坐稳（推出尾闾）后，先行左辘轳转，先右手叉腰，左手握空拳，如握辘轳手柄，顺时针转动一周为一次，徐徐转动三十六周。

右辘轳转与左势相同，唯方向相反。左右辘轳转动七十二周后，两手握固还原。存想文火自下丹田沿督脉上升直透双关（夹脊关、玉枕关）入脑户。

（十八）双关辘轳三十六

坐稳后，两手握空拳，两手反背用合谷虎口抵住肾俞，左右肩前后交扭，如转辘轳，令骨节俱响，以开关节，大声则大动，小声则小动。一周为一次，转动三十六次，背脊觉微热为度。

图 3-39　辘轳

（十九）两脚放舒伸

坐行上述诸法，已为时不短，下肢渐觉疲乏，宜行两脚放舒伸。两手松开先将右腿放直，再放直左腿，两腿伸直两脚跟落地，两脚尖向上，两手掌轻轻按住两膝盖，同时两脚尖内收，脚面绷直，一收一绷重复三次。出入息宜均匀。

《洗髓经》："伸足扳其趾，出入六六息。"

（二十）叉手双虚托

保持上势，两手在体前十指交叉，翻掌心向前，先向前推收七次，再上举向上托空七次，再抱后脑两臂开合七次。两手十指交叉上举后松开，掌心相对，十指向上伸至极限后握拳，慢慢下拉，过肩后依次放松肩、肘、腕，最后松开两拳。

（二十一）低头攀足频

呈上势，以两手向前攀脚心十二次，膝盖挺直勿弯，先收左脚，脚跟抵会阴，再收回右脚，端坐。

（二十二）以候逆水上

端坐，调息，鼓腮用舌搅口腔，使津生，与气合。

以候逆水上，是指津液由下上涌而生，谓之逆水。

（二十三）再漱再吞津

徐徐鼓漱，分三口将津液咽下。

古云：口为丹池。口腔是津液生成与聚集之处。

《洗髓经》曰："有津续咽之，以意送入腹。"

（二十四）如此三度毕

一口分三咽为一度，如此重复三度。

（二十五）神水九次吞

神水，是指经过专注鼓漱化气后的津液。满口津液在口中漱三十六次，一口分三咽，共九次吞咽。

（二十六）咽下汩汩响

津液要一口、一口地咽下，每次咽下时，要听闻到自己的汩汩响声。

（二十七）百脉自调匀

咽津既可养阴，亦可以阴推阳，使百脉调匀。

（二十八）河车搬运讫

河车，原指斜坡由下向上提升运水的工具。

讫，指搬运完毕。

河车搬运与辘轳转两个导引势的功效相似，皆为升阳。

《三车秘旨》："第一件运气，即小周天子午运火也；第二件运精，即玉液河车运水温养也；第三件精气兼运，即大周天运先天金汞，七返还丹，九还大丹也。此三车者，皆以真神、真意斡乎其中。人能知三车秘谛，则精、气、神三品圆全，天、地、人三仙成就。"

（二十九）发火遍烧身

然后两手握固还原，坐稳后，调匀鼻息，再观想下丹田火苗，自下而上遍烧身体，观想时口鼻皆闭气少顷。

（三十）邪魔不敢近

导引行气使阴气充盈，阳气上升，病邪不敢靠近。

经云：正气存内，邪不可干。

（三十一）梦寐不能昏

梦寐，普通人在睡梦中是不能自主的，谓之昏睡。

不能昏，是指梦寐时亦能知晓自己是在梦境中，不为梦迷，不为梦魇。

（三十二）寒暑不能入

风、寒、暑、湿、燥、火六淫入体乃致病之因。

人体阳气充盈，免疫力增强，有助抵御六淫。

（三十三）灾病不能近

灾病，祖国传统医学讲究"以人为本"，其内涵不仅仅是防病和治病，还有防灾和避灾。

诀曰：邪魔不敢近，梦寐不能昏。寒暑不能入，灾病不能近。

（三十四）子后午前作

子后午前，可行导引。

子后，即活子时；午前，是指午餐前，脾胃尚未运化时。

又有法：安坐未食前，自按摩。以两手相叉，伸臂股，导引诸脉，胜如汤药。正坐，仰天吁出，欲食群饱之气立销。夏天为之，令人凉，不热。（梁·陶弘景《养性延命录·导引按摩篇第五》）

（三十五）造化合乾坤

造化，是指天地造化。合乾坤，乾为父，乾者，健也；坤为母，顺也。天人合一是生命整体观，生生不息乃道法自然。

子后午前，是合乾坤。子后体内阳气生发，午前体内阴气生发，这二个时间段要静养候气、导引行气。

（三十六）循环次第转

循环，即周而复始，是阴阳转换的规律。次第，即任何方法都要有顺序，循序渐进、环环相扣。

（三十七）八卦是良因

八卦，即八个卦爻和身体的对应部位。

《易传·说卦》："乾为首，坤为腹，巽为股，震为足，坎为耳，离为目，艮为手，兑为口。"

八段导引法和八卦的密意都在此，善因已定，不用外求。

诀要：止于当下。

（三十八）诀曰：其法于甲子日

诀，指诀要、法要。其法，指坐姿八段锦导引法。

甲子日，是古时中国天干地支历法中的第一天。

凡事之始，皆选甲子日，为最吉祥。

1949年10月1日（中华人民共和国成立），也是甲子日。

（三十九）夜半子时起首

夜半，即子时，亦称午夜。起首，是指在活子时起身端坐。

（四十）行时口中不得出气

行坐姿八段锦导引法时要注意闭气。

（四十一）惟鼻中微放清气

唯独用鼻微微吸纳清气，闭少顷后再用鼻徐徐放出，出入气令无声。

（四十二）每日子后午前

每天子后，午前静养候气、导引行气，子后阳气升，午前阴气生，冥心而坐，静候身心清凉。人身小天地，子午为周天，要顺应自然。

（四十三）各行一次，或昼夜共行三次，久而自知

最好子时和午时都能各行一次，或者一昼夜行三次，时间久了，自然有觉知。

（四十四）蠲（juàn）除疾疫

疾病和疫气自除。

（四十五）渐觉身轻

国人对健康的认知是筋骨强壮，行走时脚下生风，身轻体健。

（四十六）能勤苦不怠

此法易学，唯需坚持，需坚持不懈怠，日复一日地勤行。

（四十七）则仙道不远矣

仙道，指健康长寿之道。

只要能勤苦不怠，掌握了自主健康的抓手，自可健康长寿。

第三节　传承与心得

一、心印与心法

以导引入静，是导引医学的智慧。尺蠖之屈，乃导引之身法；屈伸呼吸，乃导引之息法；聚津咽津，乃导引之药法；止于当下，乃导引之心法。大道至精至简，次第清晰，易学难忘，唯需坚持。导引乃修己治身之门径，全在内求，贵在坚持！习者应明辨之，扶正之法，无过于此，法不远人，智者应深入体验之。

传心印，印以表不变，以心印心。传心法，即止于当下，知止，乃静坐洗髓之心法。《洗髓经》曰："不离于当念，存心勿外务，得止宜知止，留神守空谷。"又曰："回光急返照，认取顿足处。"这是知止。《大学》："在止于至善，知止而后有定，定而后能静，静而后能安，安而后能虑，虑而后能得。"《坐姿八段锦导引法》是为了扫除心神散乱障碍，经调营理卫后知止才得静定，定而后能静，静则洗髓。

（一）心印

"守中"易筋导引之心印。经云："即含其眼光，凝其耳韵，调其鼻息，缄其口气，舌抵上腭，是谓和合五脏之气。闭目养神，眼不外视，其魂在肝；听而不闻，其精在肾；鼻息调匀，其魄在肺；缄口止语，其意在脾；舌抵上腭，其神在心。是谓五气归元。"

《乐育堂语录》："守中一步，虽属入道初基，其实彻始彻终，皆离不开这守中二字。"

（二）心法

"知止"是洗髓导引之心法。易筋导引是动中求静，洗髓导引是静中求定，心印与心法相互契合，心印为先基真法，用以调伏四大①，心法为明心之法，用以洗涤心髓，两者既有次第，又互为助力。

坐姿八段锦导引法是洗髓导引的实修部分。初习者，宜从上座（上床）按次第练至下座，切勿作随意的更改，早晚各一次最佳。若兼习静坐，上座先行前四段，结束再行后四段，可以提高静坐效果。

二、医理与易理

人与八卦的关系，李道纯在《中和集·卦象论》中说："譬如此身未生之前，如如不动，即太极未分之时。因有此身，立性立命，即太极生两仪也。有形体便有性情，即两仪生四象也。至于精、神、魂、魄、意、气、身、心，悉皆具足，即四象生八卦也。"人未出生是无极，出生后是太极生两仪，

注：①四大：即地大、水大、火大、风大。佛教医方明认为，人体由此四大和合而成。人体中呈坚硬相属地大，呈流动相属水大，呈热相属火大，呈动摇相属风大。

两仪生四象，四象生八卦。两仪，即立性、立命。四象，即形体与性情。八卦，即精、气、神、身、心、意和魂魄，这是最为简易直接的医易。

更为具体的人与八卦的对应关系，如身体、脏腑与穴位等，《易传·说卦传》中记载：乾为首，坤为腹，巽为股，震为足，坎为耳，离为目，艮为手，兑为口。此段文字将通过取象比类，将八卦与人身相合，后世又将其整理成歌诀。

乾首坤腹坎耳俦，

震足巽股艮手留。

兑口离目分八卦，

凡看疾病此中求。

《坐姿八段锦导引法》正是通过对人体外八卦：乾为首（头），阳尊居上也；坤为腹，阴广容物也；坎为耳，阳聪于内也；离为目，阳明在外也；兑为口，拆开于上也；巽为股，两垂而下也；艮为手，阳居于前也；震为足，刚动在下也。

（一）脏腑与八卦

乾为小肠，坤为脾，震为肝，艮为大肠，离为心，坎为肾，兑为肺，巽为胃。（《易传·说卦》）

（二）九宫八风

《灵枢·九宫八风》曰："立夏（东南方），夏至（南方），立秋（西南方），春分（东方），招摇（中央），秋分（西方），

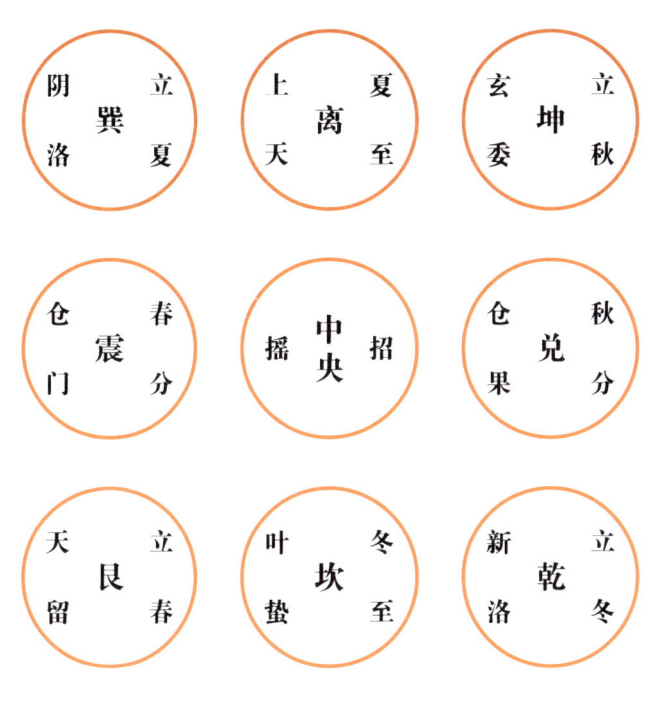

图 3-40　九宫八风图

立春（东北方），冬至（北方），立冬（西北方）。……太一移日，天必应之以风雨，以其日风雨则吉，岁美民安少病矣。"

一年四季转换形成不同方位的风，外因致病，风寒暑湿，风首当其冲，将四季之风再细分在八节，即为八风，节气转换，风向随之转变，风向代表天在发号施令，告诫人们天气发生了变化，阴阳交替随八卦方位形成八风，风伤人筋脉，故养生家云：防风如防箭。养生首重养心，古德云：八风吹不动。谓定心也。

明代，万全先生解释：八风者，天之号令也。常以八节，太一移宫之日，必有暴风雨应之。

太一常以冬至之日，居叶蛰之宫，在坎，正北，名大刚风。

> 立春日移居天留，在艮，东北，名凶风。
> 春分移居仓门，在震，正东，名婴儿风。
> 立夏移居阴洛，在巽，东南，名弱风。
> 夏至移居上天，在离，正南，名大弱风。
> 立秋移居玄委，在坤，西南，名谋风。
> 秋分移居仓果，在兑，正西，名刚风。
> 立冬移居新洛，在乾，西北，名折风。

其风雨之应，或先或后，自其所居之方来，为正风，主生长万物。自其所冲之方来，为虚邪，乃能伤人成病也。昼发民多病，夜发民少病。何以然？盖夜民皆卧，故圣人避此虚风之邪，如避矢石，所以邪弗能害也。（明·万全《养生四要》）

三、知行合一

《坐姿八段锦导引法》历代传承以文人、医者、修行人为主，其法源于生活，经历代传承，最终又融入生活，成为善养生者之起居安乐之法。

上床练几势，用以解乏安神，下床前练几势，用以舒展筋骨和提神。既可整段练习，亦可取其中几势用以除弊。习练时以自身舒适为度，其中叩齿、舌抵、鼓漱、咽津、鸣天鼓、双虚托、攀足频、摩精门等，流传颇广，摇天柱、单关辘轳、双关辘轳等，传习较少，依传承、次第，按照理法、技法整套传习的更少。

旧传师徒传承，常以手抄本《坐姿八段锦导引法要诀》为传习依据，要诀类似歌诀，语言精练，遣词生动，便于记忆。但通常对导引内涵不作解释，这可能就是旧时传法陋习，谓"传法不传诀"。

古云：假传万卷书，真传一句话。余将传承与心得和盘托出，抛砖引玉，供养大家。

《坐姿八段锦导引法》的导引诀要分三部：一是聚津养阴，二是导引升阳，三是止于当下。其法要集导引、按跷、止观于一炉。所谓真传，即明理法、习技法，传心法，得心印。传习者，先从理入，再从行入，最后证入。先从理上入，扫除所知障，听明师讲事理，读经典，明修身之理；行入，依师承实践，不要耍小聪明，擅自改变行法；最后也是最为关键的是证入，需要坚持不懈，以时间来证明，待明晰理法，行之有度，体悟其医易之效，方谓"知行合一"。

第4章 经典八段锦要点简述

第一节　站姿八段锦导引法

现今流传最广的《八段锦》通常被认为是站姿八段锦。站姿八段锦又名武八段，相传由南宋名将岳飞所创。其中四势动作勇猛刚劲，用于强化将士筋骨；四势舒缓绵长，用以消除训练中的筋骨疲劳。我们从八段导引势的名称就可见一斑。

两手托天理三焦势模仿霸王扛鼎，增强气力。左右开弓似射雕势模仿开强弓，以增臂力。攒拳怒目争气力势、两手攀足固肾腰势用以增强习练者拳脚、腰背力量。而五劳七伤往后瞧、摇头摆尾去心火、调理脾胃须单举、背后七颠百病消等四势则是针对各大关节筋骨的放松整理。

纵观站姿八段锦导引法是外用之武术与内用之导引的结合。此法在民国时期被新式学堂用来当作体操习练，故得以广为流传。

习练时若只重动作，不明理法、不知其用，则失去其伸筋拔骨、调营理卫、辅助训练、攻防技击之内涵。

以下图示由严蔚冰示范，范峤青绘制。

第一段　两手托天理三焦[①]

图 4-1　两手托天理三焦

导引步骤：两脚开立，膝微屈，膝盖不超过脚尖，尾椎向后推出，呈大马步，调匀鼻息。

注：① 三焦是中医藏象学说中的特有名词，为六腑之一，位于躯体和脏腑之间的空腔，包含胸腔和腹腔，人体的其他脏腑器官均在其中，是上焦、中焦和下焦的合称，横膈以上内脏器官为上焦，包括心、肺；横膈以下至脐内脏器官为中焦，包括脾、胃、肝、胆等内脏；脐以下内脏器官为下焦，包括肾、大肠、小肠、膀胱。三焦是人体通行元气、运化水谷、运行水液的重要区域。

转两掌心向前，两手向上、向内慢慢捧起，在胸前翻掌心向上，抬头两臂向上用劲托起至极限，同时用鼻吸气；两臂放松从体侧还原，同时用口呼气。重复七次后恢复松静站立。

第二段　左右开弓似射雕

图 4-2　左右开弓似射雕

导引步骤：两脚开立，膝微屈，以膝盖不超过脚尖为度，尾椎向后推出，呈大马步，调匀鼻息。

转两掌心向前，两手向上向内慢慢捧起，在胸前翻掌，将左手伸直，同时用鼻吸气，右手作拉弦状，同时头向左转，以两目看左手，呈左开弓势。两臂放松还原，同时用口呼气，转为右势。右势与左势相同，唯方向相反。左右合为一次，重复七次后恢复松静站立。

第三段　调理脾胃须单举

图 4-3　调理脾胃须单举

导引步骤：两脚开立，膝微屈，以膝盖不超过脚尖为度，尾椎向后推出，呈大马步，调匀鼻息。

转两掌心向前，两手向上向内慢慢捧起，在胸前分掌，同时用鼻吸气，右手掌心向上，用劲托起，左手掌心向下，用劲下压，同时低头看左脚跟。待两臂慢慢撑开至极限后，放松还原，同时用口呼气，于胸前交替，左势与右势相同，唯方向相反。左右合为一次，重复七次后恢复松静站立。

第四段　五劳七伤往后瞧

图 4-4　五劳七伤往后瞧（1）

图 4-5　五劳七伤往后瞧（2）

导引步骤：两脚开立，膝微屈，以膝盖不超过脚尖为度，尾椎向后推出，呈大马步，调匀鼻息。

两手握拳抵住腰眼，上身保持正直，向左后方转体180°，同时用鼻吸气，两眼保持平视，呈左势。然后脊柱放松还原，同时用鼻呼气，向右转体180°，右势与左势相同，唯方向相反。左右合为一次，重复七次后恢复松静站立。

第五段　攒拳怒目争气力

图4-6　攒拳怒目争气力

导引步骤：两脚开立，膝微屈，以膝盖不超过脚尖为度，尾椎向后推出，呈大马步，调匀鼻息。

两手握拳向上慢慢提起，置于两肋。左拳与肩平，向前缓缓用劲伸出至极限后，同时用鼻吸气，舒指旋掌360°握拳，将左拳收回左肋，同时用鼻呼气，再出右拳。右势与左势相同，左右合为一次，重复七次后恢复松静站立。

第六段　两手攀足固肾腰

图 4-7　两手攀足固肾腰（左势）

图 4-8 两手攀足固肾腰（右势）

导引步骤：两脚并拢，膝微屈，重心移至右脚，调匀鼻息。

站稳后抬起左脚同时两手向前抓住脚底，左脚向正前方蹬出至极限，同时用鼻吸气，呈手、脚、肩、背争力状，保持数息后，放松两手，左脚还原，同时用鼻呼气，再出右脚。右势与左势相同。左右合为一次，重复七次后恢复松静站立。

第七段　摇头摆尾去心火

图 4-9　摇头摆尾去心火（左势）

图 4-10 摇头摆尾去心火（右势）

导引步骤：两脚开立，膝微屈，以膝盖不超过脚尖为度，尾椎向后推出，呈大马步，调匀鼻息。

两手扶按膝盖，尾椎向右后方摆动，重心移至右腿，左腿挺直，膝盖勿弯，同时扭头向后上方至极限，同时用鼻吸气，保持数息后，慢慢放松还原，同时用鼻呼气。

　　右势与左势相同，唯方向相反。左右合为一次，重复七次后恢复松静站立。

第八段　背后七颠百病消

图 4-11　背后七颠百病消

导引步骤：两脚开立，与肩同宽，两臂自然下垂，自上而下放松。调匀鼻息。

两手在提前捧起，转掌心向后，以两手背贴住肾俞。

脚跟向上提起时，手背上提，同时用鼻吸气，脚跟下落顿地时，手背下按。

下落时用鼻呼气。

上下一顿足为一次，重复七次后恢复松静站立。

第二节　丹房八段锦

金偑生著《药功真传传秘诀》，收录了《丹房八段锦》。

丹房，指静室，即炼内丹之所。《丹房八段锦》的可取之处是全部采用白话文，没有用丹道名词和术语，直言导引之法。如：两手搓热摩丹田，攀足俯首目视前，运气提神双捧腹，清除肾火揉涌泉，屈指叩腰三十六，扇擦精门宜耸肩，叉手舒足吸清气，扭腰曲颈神气全等，可操作性强，安全有效。《丹房八段锦》有文字而无图，下图由严蔚冰示范，范峤青绘制。

第一段　两手搓热摩丹田

图 4-12　两手搓热摩丹田

先盘膝跌坐，上身正直。闭目冥心而坐，调和气息，使胸中空明朗澈。

然后再两手合掌，左上右下，紧紧相搓七十二度。再翻转两手，使右上左下，更着力搓摩七十二度，务使掌心搓至极热。随移左掌紧按下丹田，从右向下，绕左而上，用力缓缓推摩七十二度。

再将两手如法合掌相搓，左右各七十二度，将右手紧按丹田，从左转下，绕右而上，用力缓缓推摩七十二度。第一段功毕。

原按：盖此功"固肾益元"为主故也，必两手搓热而后行之者，易使丹田温暖，内固其精气，而氤氲不绝，流转调和也。行此功时，须意念专一，功行至何处，意亦随之至何处。如能内视最妙。

第二段　攀足俯首目视前

图 4-13　攀足俯首目视前

行上段既毕，即将两足向前舒直，两足紧并，两踝相靠，足跟着力于下，足趾向上。

然后将两臂从左右上举，双掌举过顶门时，上身即向前俯下，两手落至前方，紧紧将双足攀住，用力向后拉引，两足则力向前挺，惟足跟不能离地，身虽下俯，而头宜上昂，以面向正前方为度。

目前视，眦须张开，睛须突出，约十二呼吸时，各处之力暂时放松，目睛亦复平视状，调息片时，更用力如上法行之。

如此一收一放为一度，共行三十六度而功毕。

原按：此段专练腰胯之部者，两腿宜舒，则胯部筋肉必然紧张；上身下俯，两臂宜舒，腰腹等处之筋肉，亦必伸张至极限。其一紧一松，盖欲于伸舒之中，再作有力之弛张。至于头之所以必须上昂，则欲实腰部也。盖头上昂，则肩背必因此而向前猛逼，腰胯必向前伸展，故曰此其意在腰胯。其两手必向后极力拉引，而两足必向前猛力挺出者，所以使全身着力，而无一处空虚之处也。此段妙用，即在"固实"。

第三段　运气提神双捧腹

图 4-14　运气提神双捧腹

盘膝趺坐如第一势，闭目冥心，调和气息，挺身而坐。

两手掌紧紧按住小腹两旁，指尖向肾囊两旁，左右两拇指尖相对，紧扣脐轮。然后运气注于下丹田之内，更徐徐向上提起，至自觉睾丸作上升之势，则须紧塞元关①，闭住气息，使神气凝聚于中丹田，至十二呼吸，复将气下注。如此一升一降为一度，须共行七十二度而功毕。

原按：此段乃"荡涤下丹田秽浊"，兼使睾丸活动，谓"扣肾关"之法也。行时须以意役神，以神使气，气之所在，神即随之，而意亦必凝于是。运气升降时，宜徐不宜疾，过疾则不易凝，反或有伤脏腑。

初行时，颇觉不易，及习之既久，则自能升降如意。且运气上升，则有咽之声，由下而上。运气于腹，则若铁石而突出。

行功至此程度，则肾关自固，而元气自充，百病亦自不复能侵矣。然非专心勤学，持久不渝，而达3年以上功夫者，决不能如是也。

注：① 元关，又名炁穴、玄关。元关一窍，本来无形无象。故曰：元关难言。

第四段　清除肾火揉涌泉

图 4-15　清除肾火揉涌泉

盘膝而坐，如第一段状。瞑目屏息，使心中空明朗澈。

然后将左掌置右足心，右掌置左足心，紧紧一按，随即一松。一按一松为一度，共行七十二度；既毕，更以两掌跟，即两掌近腕之处，紧抵住足心涌泉穴，由内向外，极力揉擦七十二度，此段即功毕。

原按：涌泉穴居足心之中，上达百体诸穴，先经肾关。此段先行按松者，使其窍开张也。其用掌跟极力揉擦者，乃使元神冥气，从涌泉穴透入，而上达于肾关，将肾关中所有郁热，悉驱而出，不得留存于体中，如是则肾火既清，肾水充而元阳固矣。

行此功时，宜用十二分力量，缓缓做去，最忌急骤。紧按七十二，旋揉百四十四，用力行二百一十六度，必至全身各体，皆有微汗透出，始克收效。而呼吸宜照常，勿事屏气，勿使急促，否则非但肾部不得益，或因此损害他部，殊失习此者之本意，是不可不慎者也。

第五段　屈指叩腰三十六

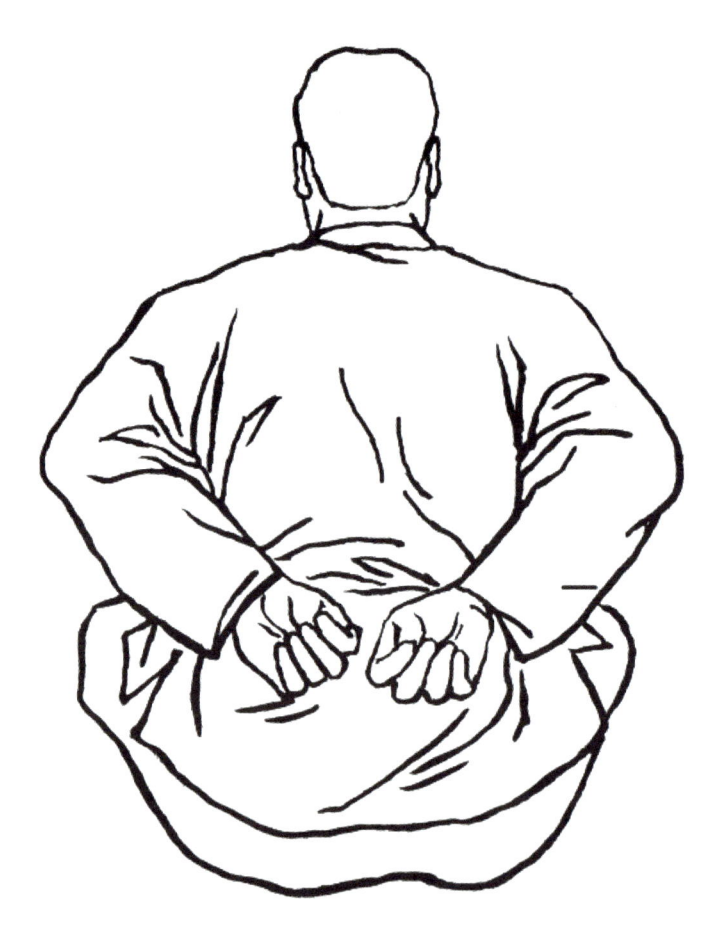

图 4-16　屈指叩腰三十六

盘膝而坐，闭目冥心，凝神一志，趺坐如第一段。

然后将手握拳，拇指屈置于拳口处，食指紧握住其近指爪处，此时拳背向前，掌心向后，双拳握固之后，缓缓向上提起，至齐腰而止。

两肘屈，突向两侧，然后更用拇指之第二节骨，即屈当拳口处者，轻轻叩腰一下，旋即将拳向旁岩出，离腰盈尺而止。旋用指叩腰，如是叩三十六次，岩三十六次，是为一功。即毕，双拳复掌置原处。

原按：此段乃专为"调节疲劳"而设。因前段如"运气提神双棒腹"，及"清除肾火揉涌泉"二功，行时非常用力，不免因致疲劳之弊。故此一段之作用，轻描淡写，并不费力，实所以调节上二段之疲劳也。然又与寻常之休息不同。自腰部极力紧张之后，骤然作过度之松弛，有如人于久饥之后，骤然得食，而饱食过当，鲜有不因以致病者。

故此段于紧张之后，屈指叩腰，使腰部之筋络血脉，得以徐徐松弛，绝大妙用，非浸淫于此道者，不得而知也，学者须加意焉。

第六段　扇擦精门宜耸肩

图 4-17　扇擦精门宜耸肩

先将两足放开，屈膝前跪，将左足背紧贴右足涌泉穴，上身坐于左足踵上，挺直胸腹，两掌挽至身后，紧按后精门上，掌跟着力，先向外扇开，两肩即向上一耸，然后将掌跟向内扇入，紧合而止，两肩即向下一挫，开时两拇指相距四五寸，合时则紧并。如此一开一合，是为一度。共行三十六度而功毕。

原按：此段乃"摄精固阴"之法，行时亦宜运气提神，如第三段相仿。两掌扇开时，须运气上升，所以须肩头上耸者，即属此意。两手紧合时，须运气下降，所以须肩下挫者，即属此意。

气既运至，神即随之，神气贯注于精门，则元阳自凝，不至散败，增精益气，其获益自不待言。唯所谓以意使神，以神使气之法，实不易行，而其作用，又可以意会，而不可以言传。

大概初学之人，于此极感困难，待至习之即久，始能渐入化境，而可以运用自如，故初步但求其意能随神而达耳。此中妙理，余知之而不能言，是在学者之心领神会耳。

第七段　叉手舒足吸清气

图 4-18　叉手舒足吸清气

行上段毕，然后就坐于实地，两足徐徐向前伸展，足紧并，趾尖向上，足跟着力，支柱于地。

两掌前置脐下，掌心向上，十指相握，两臂运用全力，将掌缓缓抬起，直至胸前，高与肩平。

此时两肘后挫，十指用力夹住，向外作拉引状，然两手并不脱离。

然后乘势翻掌向下，转外绕至向上为止，即徐徐用力向上托去，高举过顶门，两臂举直时，两手即撒开，从两旁徐徐落下，仍直垂于前。

在两手上举时，即吸清气入腹；至下落时，则吐浊气于外。如是一举一落，一吸一吐，是为一度。行二度为止。

原按：此段乃"纳清吐浊""统理内脏"之法，故行时直舒双足，所以全身筋脉舒展。上举其臂，所以使胸廓张大，于纳气吐气，无所阻隔，可以流行通畅，而荡涤浊污。

十指交叉，盖亦取其于上托时，易于使力，俾上部之筋脉，作一定之舒缩，得调和之益。

此段行时，最忌急骤，务须缓缓起落。纳气时，宜从鼻吸入，为时宜略长，然亦不可过度。吐气时，宜从口出，至吐尽一口气为止。务宜轻缓，始可获益，否则恐有损内脏，慎之、慎之。

第八段　扭腰曲颈神气全

图 4-19　扭腰曲颈神气全

势如第一段盘坐，两手置腹前，掌心向上，十指交叉，如第七段起势，唯不上提。即翻掌向前，两臂即用力托出，肘直为度。

更向左移转，委上身亦随之旋向左面。唯腰以下，不能动侧。待直对正左时，颈先向前屈，头向下俯，更拗颈后屈，头向后仰。俯仰后，两臂即向右移转，上身亦即随之右旋，至直对正右时，颈前后屈，头俯仰如前。如是左右各一旋为一度，共行二十四度而功毕。

原按：此段乃"调和周身筋骨"之法。上身左右移旋，使腰肾等部，受其感应，不至有迟顿之病。两手前托，固中盘之势，使上身旋转时，不致有俯仰倾侧之患。

天柱、精门，虽上下悬殊，实则息息相关，连路一气，故行功于"天柱"，其效亦达于"肾关"。天柱即颈脊二骨衔接之处。曲颈俯仰，即所以行功于天柱也。至此而全功竞矣。

第三节　洗髓定身图八势

清代，周述官得传《增演易筋洗髓内功图说》，其中洗髓部分"坐身图说"共分二部，前部坐姿四十九势，以导引身形为主，使之入静，另在"韦驮劲十二势图说"后有"十二段锦总诀"与"十二段锦坐功导引图诀"，其内容基本与《坐姿八段锦导引法》相同，增补了四幅坐姿导引图。第十三卷《定身图说》中有坐姿导引八势，名曰："定身图八势"，以坐姿为主，原图不甚清晰，现由严蔚冰演示，范峤青重绘，附录于下。

第一段　定气和神势

图 4-20　定气和神势

此势与坐身图中握固思神势同,但气穴要使之微闭,则气始定,神光要使之内敛,则神始和。一呼一吸,吸降呼升,三呼三吸,缓做下势。

第二段　旋转日月势

图 4-21　旋转日月势

此势立身盘脚，俱与前同，拳掌安放亦无异。将气海坐下，使气穴微闭，两眼左转二十一轮，呼吸二十一口，吞津三度。两眼右转二十一轮，呼吸二十一口，吞津三度。再做下势。

第三段　倒涌清泉势

图 4-22　倒涌清泉势

此势双叠两脚，竖起脊梁，高架鹊桥，合眼平视，拳掌安放，两脚交加处，吸下呼上，呼吸三口，导引黄河，逆流冲动，督任涌天梯，醍醐灌顶，水簾不绝。再做下势。

第四段　返观内照势

图 4-23　返观内照势

此势盘脚，立身拳掌安放，悉如前法，呼吸之间，吸则眼观鼻，鼻观心，心观肾，呼则冲督任，上天梯、翻泥丸，不可失意，亦不可十分着意。太急难到，太缓必滞，不疾不徐，呼吸三口，自能内照，润观脏腑。

第五段　龙行虎奔势

图 4-24　龙行虎奔势

此势紧闭牙关，高架鹊桥，气海坐下，缓缓呼吸二十一次，每七次，吞津三口，使龙行虎奔，三三九口毕。再做下势。

第六段　汲精补髓势

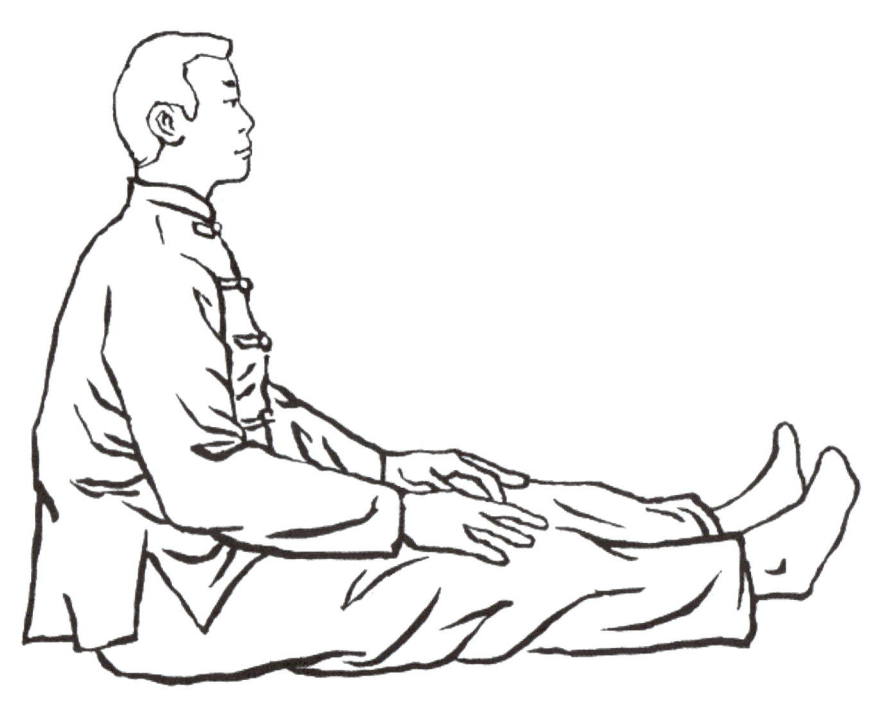

图 4-25　汲精补髓势

此势将两脚舒伸，两掌盖膝，吸降呼升，呼吸三口，使所运津液之精，气血之精，上补神髓，开启性灵。

第七段　返本还原势

图 4-26　返本还原势

　　此势屈肱，将两足收回，两足掌竖起脊梁，高架鹊桥，合眼平视，合抵两手，伸膀直肱，合掌交叉，紧抱两脚，坐下气海，缓缓呼吸七口，吞津三度，使胎安团结，返本还原。

第八段　养婴归原入定出神势

图 4-27　养婴归原入定出神势

此势坐法与定身第一段同，但呼吸至此，愈隐愈微，不唯无声，并若无气，浑浑噩噩，杳杳冥冥，一尘不染，万象皆空，胎婴所在，活活泼泼，有我无我，出入悉定，万化之原，太初之本。

第 5 章　起居安乐法

第一节　起居与安乐

起居安乐法最早见于《黄帝内经》,《素问·上古天真论篇》曰:"上古之人,其知道者,法于阴阳,和于术数,食饮有节,起居有常,不妄作劳,故能形与神俱,而尽其天年,度百岁乃去。今时之人不然也,以酒为浆,以妄为常,醉以入房,以欲竭其精,以耗散其真,不知持满,不时御神,务快其心,逆于生乐,起居无常,故半百而衰也。"这段文字是《素问》的开篇,文中岐伯以"古、今、贤、愚"的生动对照,解答了黄帝关于"今时之人"因何多病短寿的疑问。并提出了对治的方法"法于阴阳,和于术数,食饮有节,起居有常,不妄作劳"。人们在日常起居只要能遵循这20个字的规律,就能回归到健康的生活方式。若反其道而之,食饮不节,起居无常,忙于作劳。《孔子家语》曰:"三者疾共杀之。"

南朝,大医陶弘景编著的《养性延命录》辑录了上自炎黄、下至魏晋之间的导引养生理论与方法,共分上下两卷六篇:《教诫篇》《食诫篇》《杂诫忌让害祈善篇》《服气疗病篇》《导引按摩篇》《御女损益篇》,其中收录大量导引按摩起居之法。

隋唐以后,祖国传统医学有了很大发展,医家们更加注重生活环境和生活方式及导引养生法,太医院巢元方奉诏编著的《诸病源候论》,从诸病源候与诸病成因入手,遵循四时变化之规，运用导引行气诸法，形成了独具特色的"起居导引健康法"。

唐代大医孙思邈以《大医精诚》为医者做出表率，以《千金要方·居处法》《备急千金要方·养性》等篇，告诫世人应当如何于居处获得健康生活。他认为："养性之道，常欲小劳，但莫大疲，及强所不能堪耳。且流水不腐，户枢不蠹，以其运动故也。养性之道，莫久行、久立、久坐、久卧、久视、久听。盖以久视伤血，久卧伤气，久立伤骨，久坐伤肉，久行筋也。仍莫强食，莫强酒，莫强举重，莫忧思，莫大怒，莫悲愁，莫大惧，莫跳踉，莫多言，莫大笑。勿汲汲于所欲，勿悁悁怀忿恨，皆损寿命。若能不犯者，则得长生也。

宋代医者蒲虔贯著有《保生要录》。全书共分养神气门、调肢体门、论衣服门、论居处门、论药食门、果类、谷菜类、肉类等八大门类。详述起居安乐之法。他认为："养生者，形要小劳，无至大疲。故水流则清，滞则污。养生之人，欲血脉常行，如水之流。坐不欲至倦，行不欲至劳，频行不已，然宜稍缓，即是小劳之术也。"

起居安乐法大多属中医导引学的小劳术范畴，导引从理法到功效皆不同于现代体育运动，其核心理念是"运"而不是"动"，如经典的鹿运尾闾、龟纳鼻息、龙引、狼顾等势，皆有伸筋骨、行气血、升阳气之效。小劳术强调身心要小劳，勿使疲倦。凡动皆以运转气血为目的，旨在调营理卫。

历代中医名家都对日常运动有着自己独到的见解。据《后汉书·方术传下·华佗》记载，华佗教导吴普曰："人体欲得劳动，但不当使极耳。动摇则谷气得消，血脉流通，病不得生，户枢不朽也。"

明代名医万全在《养生四要》中提出"慎动"，错误的时间，错误的方法，或者过多的运动会伤及筋骨和气血，有违"无损为养"的原则。他在《养生四要·慎动第二》中提出："慎动主静之用，主静慎动之体。动静不失其常，艮之义也。瞽者，天下之至明也；聋者，天下之至聪也。其心专一，故善视者，莫如瞽，善听者，莫如聋也。观此则知养生之道矣。人之学养生，曰打坐，曰调息，正是主静工夫。"

由此可见，自隋唐以降，医家们开始把重心从治疗疾病转移到治未病上来，进一步发展了"起居法"和"安乐法"。坐姿八段锦导引法的发展历程正是印证了这一点。

千年后的今天，世界卫生组织（WHO）对构成人们健康的各项因素进行分析、排序，其中最为重要的仍是"健康的生活方式"。排在遗传因素、环境因素、医疗保障之前，占比高达60%。纵观医学古籍中所载"起居法""安乐法"都是我们祖先代代传承、应顺自然的健康生活方式，是以人为本。真正的健康医学，在中医导引学中有着重要的地位。中医学是研究人的学问，其主旨是"修己治人"，做人最大的学问莫过于"修身"和"齐家"，希望蕴含着先辈智慧的"起居安乐法"能进入到更多家庭，先"修身"再"齐家"，逐渐形成健康规律的家庭氛围。当每个家庭都健康了，"健康中国"的目标也就离我们不远了。

第二节 《黄帝内经》起居法

《黄帝内经》是我国最早的医学典籍，是祖国传统医学四大经典著作之首，分为《素问》《灵枢》两部分。其中《素问》部分，详尽阐述了人与天地、四时相参相应的学说、不治已病治未病的上工思想以及脏象学说、脏腑经络的临床辨证规律，倡导针、灸、砭、药、导引、按跷内外相应、杂合以治的诊疗模式，蕴含着起居安乐法的重要指导原则和实施方法。

《素问·四气调神大论篇第二》载：

"春三月，此为发陈。天地俱生，万物以荣，夜卧早起，广步于庭，被发缓形，以使志生，生而勿杀，予而勿夺，赏而勿罚，此春气之应，养生之道也；逆之则伤肝，夏为寒变，奉长者少。

"夏三月，此为蕃秀。天地气交，万物华实，夜卧早起，无厌于日，使志勿怒，使华英成秀，使气得泄，若所爱在外，此夏气之应，养长之道也；逆之则伤心，秋为痎疟，奉收者少，冬至重病。

"秋三月，此谓容平。天气以急，地气以明，早卧早起，与鸡俱兴，使志安宁，以缓秋刑，收敛神气，使秋气平，无外其志，使肺气清，此秋气之应，养收之道也；逆之则伤肺，冬为飧泄，奉藏者少。

"冬三月，此为闭藏。水冰地坼，勿扰乎阳，早卧晚起，必待日光，使志若伏若匿，若有私意，若已有得，去寒就温，无泄皮肤，使气极夺。此冬气之应，养藏之道也；逆之则伤肾，春为痿厥，奉生者少。"

第三节 《养性延命录》起居法

陶弘景（456—536年），字通明，丹阳秣陵（今江苏南京）人，号华阳隐居。著名的医药家、文学家，人称"山中宰相"。著有《肘后百一方》《本草经集注》《陶隐居本草》《药总诀》《导引养生图》《养性延命录》《华阳陶隐居集》等。

其编著的《养性延命录》辑录了上自炎黄、下至魏晋之间的导引养生理论与方法，共分上下两卷六篇：《教诫篇》《食诫篇》《杂诫忌让害祈善篇》《服气疗病篇》《导引按摩篇》《御女损益篇》，其中收录大量导引按摩起居之法。

《养性延命录·食诫篇》："虽常服药物，而不知养性之术，亦难以长生也。养性之道，不欲饱食便卧及终日久坐，皆损寿也。人欲小劳，但莫至疲及强所不能堪胜耳。人食毕，当行步踌躇，有所修为为快也。故流水不腐，户枢不蠹，以其劳动数故也。故人不要夜食，食毕但当行中庭，如数里可佳。饱食即卧生百病，不消成积聚也。食欲少而数，不欲顿多难销。常如饱中饥、饥中饱。故养性者，先饥乃食，先渴而饮。恐觉饥乃食，食必多；盛渴乃饮，饮必过。食毕当行，行毕使人以粉摩腹数百过，大益也。"

《养性延命录·杂诫忌让害祈善篇》："久视久视伤血，久卧伤气，久立伤骨，久行伤筋，久坐伤肉。远思强健伤人，忧恚悲哀伤人，喜乐过差伤人，忿怒不解伤人，汲汲所愿伤人，戚戚所患伤人，寒暖失节伤人，阴阳不交伤人。凡交，须依导引诸术。若能避众伤人事，而复晓阴阳之术，则是不死之道。大乐气飞扬，大愁气不通。用精令人气力乏，多睡令人目盲，多唾令人心烦，贪美食令人泄痢。俗人但知贪于五味，不知有元气可饮。圣人知五味之毒焉，故不贪，知元气可服，故闭口不言，精气息应也。唾不咽则气海不润，气海不润则津液乏，是以服元气、饮醴泉，乃延年之本也。"

《养性延命录·服气疗病篇》："彭祖曰：常闭气内息，从平旦至日中，乃跪坐拭目，摩搦身体，舐唇咽唾，服气数十，乃起行言笑。其偶有疲倦不安，便导引闭气，以攻所患，必存其身头面、九窍、五脏、四肢，至于发端，皆令所在觉其气云行体中，起于鼻口，下达十指末，则澄和真神，不须针药灸刺。凡行气欲除百病，随所在作念之。头痛念头，足痛念足，和气往攻之，从时至时，便自消矣。时气中冷，可闭气以取汗，汗出周身则解矣。行气闭气，虽是治身之要，然当先达解其理趣。又宜空虚，不可饱满。若气有结滞，不得空流，或致疮节，譬如泉源不可壅遏。若食生鱼、生菜、肥肉，及喜怒忧恚不除而以行气，令人发上气。凡欲学行气，皆当以渐。"

《养性延命录·导引按摩篇》："常每旦啄齿三十六通，能至三百弥佳。令人齿坚不痛。次则以舌搅漱口中津液，满口咽之，三过止。次摩指少阳，令热以熨目，满二七止。令人目明。

"每旦初起，以两手叉两耳极，上下热揉之，二七止。令人耳不聋。次，又啄齿漱玉泉，三咽。缩鼻闭气，右手从头上引左耳二七，复以左手从头上引右耳二七止，令人延年、不聋。次，又引两鬓发举之一七，则总取发两手向上，极势抬上一七，令人血气通，头不白。"

又法：

"摩手令热以摩面，从上至下，去邪气，令人面上有光彩。"

又法：

"摩手令热，擂摩身体，从上至下，名曰干浴。令人胜风寒、时气热、头痛，百病皆除。

"夜欲卧时，常以两手指摩身体，名曰干浴。辟风邪。峻坐，以左手托头，仰右手向头上尽势托，以身并手振动三。右手托头振动亦三。除人睡闷。

"平旦，日未出前，面向南峻坐，两手托膝，尽势振动三，令人面有光泽。《导引经》又曰：清旦未起，先啄齿二七，闭目握固，漱满唾，三咽气，寻闭不息自极，极乃徐徐出气，满三止。便起，狼踞鸱顾，左右自摇，亦不息自极，复三。

"便起下床，握固不息，顿踵三。还上一手，下一手，亦不息，自极三。又叉手项上，左右自捩不息，复三。又伸两足及叉手前却，自极复三，皆当朝暮为之，能数尤善。"

第四节 《千金要方》起居法

孙思邈（541—682年），京兆华原（今陕西省铜川市人，唐代医药学家，精通内、外、妇、儿、五官等科。孙思邈非常重视预防疾病，认为人若善摄生，当可免于病。提出"存不忘亡，安不忘危"，强调"每日必须调气、补泻、按摩、导引为佳，勿以康健便为常然"。著有《千金要方》《千金翼方》及世界首部国家药典《唐新本草》，被后人尊称为"药王"。

《千金要方·居处法第三》曰：

"居处法：凡人居止之室，必须周密，勿令有细隙，致有风气得入。小觉有风，勿强忍之。久坐，必须急急避之，久居不觉，使人中风。四肢不随，或如角弓反张，或失音不语者，皆由忽此耳。身既中风，诸病总集，邪气得便，遭此致卒者，十中有九，是以大须周密，无得轻之，慎焉慎焉。

"居处勿令心有不足，若有不足，则自抑之。勿令得起，人知知足。天遗其禄，所至之处，勿得多求，多求则心自疲而志苦，若夫人之所以多病，当由不能养性。平康之日，谓言常然，纵情恣欲，心所欲得，则便为之，不拘禁忌，欺罔幽明，无所不作，自言适信，不知过后一一皆为病本，及两手摸空，白汗流出，口唱皇天，无所逮及，皆以生平粗心不能自察，一致于此。但能少时内省身心，则自知见行之中皆长诸疴，将知四百四病，身手自造，本非由天。及一朝病发，和缓不救，方更诽谤医药无效，神仙无灵。故有智之人，爱惜性命者，当自思念，深生耻愧，戒勒身心，常修善事也。"

《千金要方·养性第五》曰：

"至于居处，不得绮靡华丽，令人贪婪无厌，乃患害之源。但令雅素净洁，无风雨暑湿为佳。衣服器械，勿用珍宝金玉，增长过失，使人烦恼根深。厨膳勿使脯肉丰盈，当令俭约为佳。然后行作鹅王步，语作含钟声，眠作狮子卧。每日自咏歌云：美食须熟嚼，生食不粗吞，问我居止处，大宅总林村，胎息守五脏，气至骨成仙。"

又曰：

"鸡鸣时起，就卧中导引。导引讫，栉漱即巾，巾后正坐，量时候寒温，吃点心饭若粥等。若服药者，先饭食，服吃药酒，消息讫，入静，烧香静念。不服气者，亦可念诵，洗雪心源，息其烦虑，良久事讫，即出徐徐步庭院间散气，地湿即勿行，但屋下东西步令气散。

"家事付与儿子不得关心，所营退居，去家百里五十里，但时知平安而已。应缘居所要，并令子弟支料顿送，勿令数数往来愦闹也。一物不得在意营之，平居不得嗔，不得大语大叫大用力，饮酒至醉，并为大忌。

"四时气候和畅之日，量其时节寒温，出门行三里二里，及三百二百步为佳，量力行，但勿令气乏气喘而已。

"亲故邻里来相访问，携手出游百步，或坐，量力宜谈笑简约其趣，才得欢适，不可过度耳。

"衣服，但粗缦，可御寒暑而已，第一勤洗浣，以香沾之。身数沐浴，务令洁净，则神安道胜也，浴法具《养生经》中。

"所将左右供使之人，或得清净弟子，精选小心少过谦谨者，自然事闲无物相恼，令人气和心平也。凡人不能绝嗔，得无理之人易生嗔喜，妨入道性。"

孙思邈先生在《千金要方·养性》中还引用了彭祖的一段话，用以告诫人们应该如何起居。彭祖曰："每旦夕，面向东，展两手于脚膝上，徐徐按捺肢节，口吐浊气，鼻引清气，良久。徐徐乃以手左托右托，上托下托，前托后托，瞑目张口，叩齿摩眼，押头拔耳，挽发放腰，咳嗽，发扬振动也。"

第五节 《服气精义论》起居法

司马承祯（647—735年），字子微，河内郡温县（今河南省）人。著有《形神坐忘论》《修真秘旨》《修身养气诀》《服气精义论》等，与陈子昂、卢藏用、宋之问、王适、毕构、李白、孟浩然、王维、贺知章称为"仙宗十友"。卒年88岁。一说96岁（639－735年）。赠"银青光禄大夫"，谥号"真一先生"。

《服气精义论》曰：

"静密之室，室东得早朝景为佳。于东壁开一窗，令日中光正对卧面，此室之东，勿令他障隔。

"以子时之后，先解发梳头数百下，便散发于后矣。（初服须如此，久后亦不须散发也）烧香（勿用薰陆香也），东向正坐，澄心定思，叩齿导引。

"又安坐定息，乃西首而卧（本经皆云东首，然面则向西，于存思吸引，殊为不便）。

"床须厚暖，所覆适温自得，稍暖为佳。腰脚以下，左右宜暖。其枕宜令低下，与背高下平，使头颈顺身平直。

"解身中衣带，令阔展两手，离身三寸，仍握固。两脚相去五六寸，且徐吐气息，令调。然后想之，东方初曜之气，共日光，合丹于流晖，引此景而来，至于面前。乃以鼻（先拔鼻孔中毛，初以两手大指下掌，按鼻左右，上下动之，十数过，令通畅）微引吸而咽之（久久乃不须引吸，但存气而咽之，其气自入，此便为妙）。咽之三，乃入肺中。小开唇，徐徐吐气。入气有缓急，宜在任性调息，必不得顿，引至极，则气粗，粗则致损。

"又引咽之三。若气息长，加至五六咽，得七尤佳。如此以觉肺间大满为度，且停咽，乃闭气。存肺中之气，随两肩入臂，至手握中入，存下入于胃，至两肾中，随髀至两脚心中，觉皮肉间习习如虫行为度。讫，任微喘息少时，待喘息调，依法引导送之，觉手足润，温和调畅为度（诸服气方，直存入腹，不先向四肢，故致四肢送冷，盛脏壅滞。是以必须先四肢，然后入腹，即气自然流空也）。

"此后，不复须存在肺，直引气入大肠、小肠中，鸣转通流脐下为度。应如此，以肠中饱满乃止。则竖两膝，急握固，闭气，鼓腹九度，就鼓中仍存其气，散入诸体。闭之欲极，徐徐吐之，慎勿长。若气急，稍稍并引而吐之。若觉腹中阔，此一极则止。如腹犹满，急便闭气。

"鼓之讫，舒脚，以手摩面。将胸心而下数十度，并摩腹绕脐手十数度。展脚趾，向上，反偃数度，乃放手纵体，忘心遗形。

"良久，待气息、关节调平。讫，乃起。若有汗，以粉摩拭头面颈项。平坐，稍动摇关节，体和如常，可起动。其中随时消息，触类多方，既不云烦述，善以意调适之。"

第六节 《素问病机气宜保命集》起居法

刘完素（约1110－1200年），字守真，号通玄处士。河间（今河北河间县）人。学识渊博，注重实修实证。他认为：精神不足，调起居；形体衰弱，调饮食。此乃保命全形之要务。数十年精研《内经·素问》，著有《黄帝素问宣明论方》《素问玄机原病式》《素问要旨论》《治病心印》《刘河间医案》等。被后世尊为金元四大家之首。

《素问病机气宜保命集·摄生论》

《内经》曰：

"法于阴阳，和于术数，食饮有节，起居有常，不妄作劳，故能形与神俱，而尽终其天年，度百岁乃去。今时之人不然也，以酒为浆，以妄为常，醉以入房，以欲竭其精，以耗散其真，不知持满，不时御神，务快其心，逆于生乐，起居无节，故半百而衰也。且饮食起居乃人生日用之法，纵恣不能知节，而欲'传精神、服天气'者，不亦难乎？"

又经曰：

"'饮食自倍，肠胃乃伤''起居如惊，神气乃浮'，是以圣人春木旺，以膏香助脾；夏火旺，以膏腥助肺；金用事，膳膏臊以助肝；水用事，膳膏膻以助心，所谓因其不胜而助力也。故饮食之常，保其生之要者，五谷、五果、五畜、五菜也。脾胃待此以仓廪备，三焦待此而道路通，荣卫待此以清以浊，筋骨待此以柔以正，故经云：盖五味相济，斯无五宫之伤，所以养其形也。虽五味为之养形，若味过于酸，肝气以津，脾气乃绝；味过于咸，大骨气劳，短肌，心气抑；味过于甘，心气喘满，色黑，肾气不衡；味过于苦，脾气不濡，胃气乃厚；味过于辛，筋脉沮弛，精神乃央。所谓失五味之常而损其形也。王注曰：'味有伦缘，脏有偏绝。'此之谓也。

"饮食者，养其形，起居者，调其神，是以圣人春三月夜卧早起，被发缓形，见于发陈之时，且曰以使志生；夏三月夜卧早起，无厌于日，见于蕃秀之时，且曰使志无怒，使气得泄；秋三月早卧早起，与鸡俱兴，见于容平之时，收敛神气，且曰使志安宁，以应秋气；冬三月早卧晚起，去寒就温，见于闭藏之时，且曰使志若伏若匿，若有私意，若已有得。此顺生长收藏之道，春夏养阳，秋冬养阴，顺四时起居法，所以调其神也。"

第七节 《寿世青编》起居法

尤乘，字生洲，吴门（今江苏苏州）人，清代医学家，生卒年代不详。自幼习儒，喜欢涉猎医书，师从名医李士材，得其亲授。又遍访名医，并诣京城名师学习针灸，曾出任太医院御前侍直三年。辞官返乡后，复与同窗蒋仲芳共设诊所，广施针药，救治甚众。著有《寿世青编》《勿药须知》《脏腑性鉴》《喉科秘书》《食治秘方》。

《寿世青编》共两卷。上卷收载勿药须知，疗心法言，养肝、养脾、养肺、养肾说，斋说，食忌说，居室安处论，睡诀，孙真人卫生歌，真西山卫生歌，养神气铭，孙真人养生铭，谨疾箴，导引却病法，固精法，十二段动功，四时摄生篇，十二时无病法，静功六字却病法，调息，清心说，修养余言等30篇养生专论，论末病提养之法，总结医家养生祛病和起居安乐之法。

《寿世青编·十二段动功》

第一段　叩齿

齿为骨之余，常宜叩击，使筋骨活动，心神清爽，每次叩击三十六数。

第二段　咽津

将舌舐上腭，久则津生满口，便当咽之，咽下啯然有声，使灌溉五脏，降火甚捷。咽数以多为妙。

第三段　浴面

将两手自相摩热，覆面擦之，如浴面之状，则须发不白，即升冠鬓不斑之法，颜如童矣。

第四段　鸣天鼓

将两手掌掩两耳窍，先以第二指压中指，弹脑后骨上，左右各二十四次，去头脑疾。

第五段　运膏肓

此穴在背上第四椎下，脊两旁各三寸。药力所不到，将两肩扭转二七次。治一身诸疾。

第六段　托天

以两手握拳，以鼻收气，运至泥丸，即向天托起，随放左右膝上，每行三次。去胸腹中邪气。

第七段　左右开弓

此法要闭气，将左手伸直，右手作攀弓状，以两目看左手。左右各三次。泻三焦火，可以去臂腋风邪积气。

第八段　摩丹田

此法将左手托肾囊，右手摩丹田，三十六次。然后左手换如前法，暖肾补精。

第九段　擦内肾穴

此法要闭气，将两手搓热，向背后擦肾堂及近脊命门穴，左右各三十六次。

第十段　擦涌泉穴

此法用左手把住左脚，以右手擦左脚心，左右交换，各三十六次。

第十一段　擦夹脊穴

此穴在背脊之下，大便之上，统会一身之气血，运之大有益，并可疗痔。

第十二段　洒腿

足不运则气血不和，行走不能爽快，须将左足立定，右足提起，洒七次，左右交换如前。

《庄子》曰：

"呼吸吐纳，熊经鸟伸，为寿而已矣。"由是传之至今，其法自修养家书及医经所载，种数颇多，又节取要约，切近者十六则，合前十二段参之，各法大概备矣。此十二段，乃运导按摩之法，古圣相传，却病延年，明白显易，尽人可行。

第八节　现代起居安乐法（养生二十宜）

历代医书均载有导引养生之"宜忌"，对于养生之宜，应刻意尚行，对于养生之忌，要尽量规避。

明代冷谦所著《修龄要旨》总结了前人经验归纳为《养生十六宜》："发宜多梳，面宜多擦，目宜常运，耳宜常弹，舌宜抵腭，齿宜数叩，津宜数咽，浊宜常呵，背宜常暖，胸宜常护，腹宜常摩，谷道宜常撮，足心宜常擦，皮肤宜常干，沐浴、大小便宜闭口勿言。"

近几十年来，人们的生活环境发生了很大的变化，余根据时尚之病，又加了"四宜"。针对如今低头族（过度使用手机），造成的肩颈疾病，增加"头宜常抬"和"胸宜常挺"；针对年轻女性穿露膝裤、男性跑马拉松伤膝，增加了"单腿宜常摆"，此方出自《引书·引膝痛》，可有效缓解疲劳，修复损伤；针对中年男女"中焦拥塞""下焦疾病高发"问题，增加"小腹宜常收"。

以上合为"二十宜"，此法绿色安全、易行有效，非常适合现代社会各类人群日常应用。

《现代起居安乐法·养生二十宜》

第一，发宜常梳。

可采用站姿或坐姿，两手呈爪状，用十指指肚贴住头皮由前往后梳理，重复梳理以发顺不结，头皮紧贴为度。

第二，面宜常摩。

洗完脸，以两手掌对搓至发热，轻摩脸部、颈部，以面部、颈部发热为度。

第三，目宜常运。

此法不拘站、坐、仰姿，闭目，眼珠依次下视、左视、上视、右视、再下视，运转一圈后，稍停后继续旋转。

运目时要慢要圆，运转7圈为一组，运转3组。可消除眼睛疲劳。

第四，天鼓宜常鸣。

可采用站姿或坐姿，用两手掌根压住耳朵，十指抱住后脑，将两手食指压在中指上，用力滑落，其神如鸣鼓，8次为一组，做3组。

第五，舌宜常抵。

舌抵上腭，即舌上卷抵住上腭，又名"搭鹊桥"。

此法不拘站、坐、行、卧，其效：贯通任督二脉，生津养阴。

第六，齿宜常叩。

叩齿，即上下牙对叩，下牙床可前后移动，使上下牙齿可以对齐。

如戴假牙者亦要叩齿，可使牙床不痿缩。

第七，腮宜常鼓。

鼓腮可以刺激腮腺，使津液源源不断地涌出。

津液满后，鼓漱，再分三次咽下。

第八，津宜常咽。

津液下咽，动作要夸张，如咽硬物，并用意念送至下丹田。

第九，浊宜常呵。

呵出浊气，是为了吐故纳新，在空气清新处，用口呵浊气，用鼻慢慢纳入清气，一呵一吸为一息，重复5～7息。

第十，头宜常抬。

低头已经成为人们生活和工作的常态，纠正方法，只须抬头。此法不拘站姿、坐姿，睡前也可将枕头垫在肩背上，垂头仰卧，放松颈椎，此法多多益善，有利及时消除肩颈疲劳。

第十一，目宜常闭。

眼为神舍，消耗最多，宜闭目养神。

可采用坐姿、仰卧，闭眼后观想绿色的森林、草原等。

第十二，口宜常张。

先尽力将嘴张开，保持数息后，将口噘拢，保持数息，如此反复5～7次后，自然收回。可活化神经，消除面具脸。

第十三，手臂宜常伸。

身体保持正直，抬头，两手臂向上伸展，以鼻纳气，指尖向上，升至极限，停留数息后，两臂从体侧慢慢放下，同时呼气放松。做3～5组能及时消除疲劳。

第十四，足跟宜常蹬。

蹬足时，足跟用劲，足尖尽力向内勾。放松时足跟收回，足尖前伸，足面绷直，如此反复5～7次后，自然收回。

亦可采用仰卧双腿蹬法，可防小腿肚抽筋。

第十五，单腿宜常摆。

当觉知单腿关节不得力或疼痛时，用好腿站立，轻轻前后摆动疼痛腿千次。摆腿时，站立的腿脚下可适当垫高，以方便摆腿。注意上身保持正直，重心平衡。如觉疲乏，可分次完成。以膝窝发热为度。

第十六，胃宜常暖。

脾胃乃后天之本，胃喜暖畏寒，平日尽量少吃生冷的食品，尤其是夏天，要少喝冰冻的饮料，使脾胃的运化功能保持良好状态。

第十七，胸宜常挺。

此法不拘站、坐、行，但凡呼吸，胸廓尽量打开。可以挺胸可打开横膈，提高氧气交换量。吸气要慢、要细，呼气要匀，使心息相依。

第十八，小腹宜常收。

此法不拘站、坐、行，收小腹时，应咬牙、舌抵上腭，同时吸气提腹，放松时呼气，多多益善。平日可扎腰带，睡觉时褪下，谓之"宽衣解带"。

第十九，腹宜常揉。

腹部胀满，可用手掌先从中脘部开始揉，揉至打呃，再移向肚脐，揉至肠鸣，再移至小腹，揉至矢气为止。

此法在餐前、餐后、睡前尤为适用。

第二十，谷道宜常提。

谷道位于下二窍之间，中有会阴穴。

此法不拘站、坐、行、卧，先放松会阴，咬牙、舌抵上腭、吸气同时提肛（如忍大便状）。放松同时呼气，重复2～3次。

后　记

庚子初春，一场疫情，席卷全球。所幸我国从中央到地方都高度重视，各部门积极调配，各省市大力支援，加上大批医护人员逆风而上，勇斗病魔，疫情终于得到控制，而在这场"战疫"中祖国传统医学贡献了重要的力量，受到世界瞩目。

2020年2月，余应邀整理、拍摄《居家防疫导引方（三则）》，被CCTV《健康中国》栏目、《中华医药抗击疫情》特别节目、《光明日报》（3月8日06版）、《新华网》（2月5日）、《人民日报》中央厨房健康36℃工作室（2月28日）、国家中医药管理局官方号（3月2日）、上海市卫健委新媒体官方号《健康上海12320》（2月6日）、《中国中医药报》（2月3日）等十多家媒体报道，《中国家庭医生杂志》发增刊《起居导引防疫手册》，为奋战在第一线的医护工作者和隔离的患者提供了缓解疲劳、增强免疫的起居导引方，也算为"战疫"略尽绵薄之力。

一直以来，这些方法在上海都有传承。上海自开埠以来就是远东第一大城市，人们早已习惯忙碌，而忙碌的城市中，一些人仍保持起居安乐的生活方式，并逐渐形成独具特色的"海派厅堂养生文化"。

说到忙,这是现代人的通病,"过劳死"每每见诸报端,"积劳成疾"已成为现代都市人群的重要致病因素。然而,人欲求健康安乐,首先须在日常生活起居上做安排。如何做到"忙里偷闲",余之经验是做"减法",具体而言就是可去可不去的地方不去;可做可不做的事不做;可吃可不吃的东西不吃;可喝可不喝的饮料不喝;可讲可不讲的话不讲;可看可不看的内容不看;最后也是最难做到的,是可想可不想的事情不想。有此七条就可从繁忙中解脱出来,也少了很多烦恼,正所谓"无事是神仙"。忙死、累死的大多是有能力、有想法的人。

起居法是一种智慧,一种境界,通过这些方法可建立起身心安乐的健康生活方式,难怪古籍中也称此法为"神仙法"。

本书是在居家防疫中整理而成,在此感谢孙光荣教授为本书题字,感谢柳长华教授作序,感谢范崃青老师配画。石卿、正易为本书的图文整理和文字校对做出努力,一并感谢。

庚子清明书于藏经室